たのしくできる
ダウン症の発達支援
アセスメント&プログラム

3

監修
橋本創一

編
橋本創一・熊谷　亮・田口禎子
渡邉貴裕・小野正恵

元気な体をつくる

福村出版

まえがき

　ダウン症は，1000 人に 1 人の出現率とされてきましたが，日本を含む先進国では，近年，さまざまな要因から 500 ～ 700 人に 1 人の出生というデータが発表されています。出生前診断が実施される医療機関が増えている中で，変わらず一定量，または増加傾向を示しながら，ダウン症のある子どもは豊かに暮らす権利をもって生まれてきて，家族と共に楽しい生活を営んでいます。一方で，合併症やさまざまな発達におけるハンディキャップがあるために，子どもの実態に合わせて，個別に，しかも集中的に，療育・保育・教育において工夫しながら支援する必要があります。知的障害者全体の 1 割程度を占めるのがダウン症です。日本全国の療育機関・保育所・幼稚園・学校・施設等に，必ず在籍しています。そのため，支援者・関係者にとっては，必ずダウン症のある子どもと接する機会があり，基本的な接し方や対応，療育，実践の工夫などを知ったり学んだりしたいというニーズは著しく高いと考えています。

　また，ダウン症のある子どもをもつ保護者・家族は，生後間もなく子どもの障害や支援ニーズなどが明らかになることから，家庭などで 0 歳という超早期から子育ての工夫や療育的な要素を取り入れた関わり方を実践していることが少なくありません。しかし，合併症は多様であり，健康面に留意しながら，うまくいかない子育てに悩んだり，その発達状況を心配したりすることも多いはずです。この点は，保育所や幼稚園，学校の保育者・教師も同様です。

　こうした，悩みや心配に対して，「健康に留意した上で！」「子どももおとなも背伸びをせずに！」「楽しくなければ，やめればいい！」をモットーにして，①具体的な療育的要素を取り入れた子育て・保育・教育のプログラム，②さまざまな発達領域をカバーしたもの，③ダウン症児の発達と育ちが著しい 0 歳～ 10 歳（社会性とキャリア・余暇を育てるための支援プログラムは，19 歳以降まで含む）の支援，などをシリーズで刊行することを企画しました。

『たのしくできるダウン症の発達支援 アセスメント&プログラム』

　障害者に関する国際条約である「障害者の権利に関する条約」（以下，障害者権利条約）の第30条で，「文化的な生活，レクリエーション，余暇及びスポーツへの参加」が明記されています。障害の有無にかかわらず運動・スポーツが心身の健康に影響を与えることは周知の事実です。スポーツ参加という点においては，実に多くのダウン症のある人々が国内外のスポーツ大会に出場し，その活躍の場を広げています。東京2020パラリンピック競技大会を契機に，わが国における障害のある人たちのスポーツ環境は，ハード面（施設設備等），ソフト面（プログラム，指導者，情報等）ともに改善され，以前に比べダウン症のある人が運動やスポーツに親しむ機会が増えました。特に，スペシャルオリンピックス（SO）は，ダウン症のある人をはじめとする知的障害者に対してさまざまなスポーツトレーニングと，その成果の発表の場である競技大会を提供し，彼らの自立と社会参加を促進し，生活の質を豊かにすることを目的とする活動として知られるところです。日常的にスポーツに参加することは，身体的側面だけではなく，精神面を安定させる等の心理的側面，さらには行動範囲が広がる等の社会的側面での効果が期待され，生活の質（QOL）の向上に大きく寄与します。今後，1人でも多くのダウン症者がスポーツ参加の恩恵を受け，生涯を通した心身ともに健康で豊かな生活の実現を目指していくためには，幼少期からの運動発達支援，そして学齢期からの継続した運動習慣形成の取り組みが求められます。

　ダウン症は染色体異常による生まれつきのものですが，染色体異常によって起こる症状として，たとえば，身体面で筋肉が極端に柔らかく，関節可動域が広く，一定の姿勢を保持することが難しい場合があります。また，幼少期から

心臓病や眼・耳等に問題（合併症）がみられることも少なくありません。比較的早い年齢段階からの医療的アプローチや発達を促す療育などが積極的に導入されることが多いです。特に，健康で丈夫な体づくりや運動は，親や家族が中心となって，おもに家庭などの日常生活の場で実践されています。こうした幼少期におけるさまざまな取り組みは，ダウン症のある子どもの運動発達に好影響をもたらしています。

　また，ダウン症のある人は，生活習慣病などの危険因子である肥満の発生率が高いとされてきました。肥満の発生要因には，食行動等の生活習慣との関連，性格行動特徴および心理的特徴との関連等が挙げられていますが，運動との関連が最も大きな要因と考えられています。そのため，継続した運動習慣の形成に向けて，保健体育科の他，さまざまな教科・領域において体育・健康に関する指導が行われています。本書の第9章「身体運動と健康を育てるための支援プログラム」では，ダウン症のある子どもの身体運動機能の発達や支援ニーズ，医療的な問題や健康管理，学びの場や生活の場，家庭における身体運動と健康を育てる支援のあり方等について概説しています。また，支援プログラムでは，乳児期から学齢期までの各年齢段階で取り組みたい身体運動について，具体的な支援方法を含めて掲載しています。家庭や保育・教育現場等で是非活用していただけることを念願しています。

　最後に，お忙しい中ご執筆くださった皆様，ご協力いただき感謝いたします。また，出版にあたり福村出版編集部の方々にたいへんお世話になりました。関わってくださった皆様のお力添えあっての本書です。これからこの本が世に羽ばたき，社会の中で架け橋となって，ダウン症のある子どもやおとなへの理解が広がり，誰もが自分らしくいきいきと暮らせる社会になる，その一助となることを切に願っています。

2023年3月21日世界ダウン症の日に

渡邉貴裕／橋本創一

目　次

1章

身体運動機能の発達と育ち・学び

渡邉貴裕

ダウン症候群（以下，ダウン症）は，運動機能に代表される諸機能の発達遅滞とともに，身体的問題や健康問題が指摘されています。本章ではダウン症の身体運動機能の発達の特性や課題，療育・スポーツ教育支援について概説します。

1. ダウン症児者の運動機能の発達

（1）手指操作の発達

ダウン症の乳幼児期における運動発達では，手指の操作等の微細運動において発達の遅れがみられることが明らかになっています。就学後もたとえば「ハサミや糊をうまく扱えない」等の課題について，教師や保護者等からもよく聞かれます。一方で，幼児期の発達検査や質問紙調査等によれば，「探索・操作」領域は他の領域に比べて良好である（岡崎，1986），平易な手指操作は良好である（丹羽ら，1980）といった報告があります。物の操作は，その後の認知発達の重要な基礎となるといわれていますが，ダウン症児は認知発達の遅滞が顕著であるため，療育機関等では手指操作を中心としながらも，「問題解決」「対象概念」といった手段と目的関係を把握するような認知的な領域の課題が指導ノ

ログラムの多くを占めています。

（2）歩行の獲得パターン

　ダウン症は，乳幼児期から合併症などの健康状態とともに，姿勢や移動運動の遅れが指摘されてきました。伏臥位の発達は姿勢反応の発達において重要ですが，知的障害のある乳幼児の場合は伏臥位姿勢が少なく，自ら前に進もうという意欲に乏しいとされています。ダウン症は原始反射の消失の遅れ，筋緊張低下が指摘されており，また歩行を獲得する前のダウン症は，お尻でずり這い（いざり這い）をすることが多く，そのことで移動運動が制限され歩行の獲得が遅れるとされています。橋本ら（2000）はダウン症の歩行獲得を，四つ這いⅠタイプ（座位優位：座位が腹這い方向転換より先に獲得），四つ這いⅡタイプ（腹這い位優位：腹這い方向転換が座位より先に獲得），いざり這いタイプ（いざり這いが長く，独歩獲得が遅れる），遅延タイプ（すべて獲得が遅れ，各姿勢・移動位の移行期間が長い）に分類しました。また橋本ら（2001）は，座位から独歩の発達速度は，タイプごとに異なることや，対物操作・認知や対人交渉，言語コミュニケーションの獲得状況によっても差異があることを指摘しており，四つ這いタイプが早く，次いでいざり這いタイプ，遅延タイプの順でした。また，四つ這いⅠタイプと四つ這いⅡタイプは，独歩獲得の月齢に差はないが，Ⅱタイプの方がつたい歩きや四つ這い移動が日常的に多く観察され，移動運動の活発さがみられたと報告しています。

（3）身体発育と肥満

　これまで知的障害者の身体発育研究は，その多くが健常児に比べて劣位を示すという報告がされてきました。特にダウン症は身体発育遅滞に対して体重は増加する傾向があり，そのため肥満傾向が顕著であることが広くいわれてきました。身長の発育が遅れ，上肢や下肢が短く，「ずんぐり型」の体形であることも指摘されています。一般に肥満の原因は食事（過食）と身体活動（運動不足）にありますが，たとえばダウン症の食生活に関する調査研究によれば，限

られたものしか食べず，果物や野菜を嫌う等の偏食傾向の者が約半数いることが明らかとなっています。また，いつも空腹であるといった食欲旺盛の者も三分の一の割合で存在します。ダウン症の乳幼児期の姿勢・運動発達に大きな影響を及ぼすものとして筋緊張の低下が知られています。こうした筋緊張低下をはじめ，生活経験などが運動不足を引き起こすこと，炭水化物に偏りやすい過剰な食事が肥満の誘発要因となっていることが多くの研究で考察されています。

（4）日常の運動・動作の特性と基礎的運動能力

　ダウン症の運動・動作についての記述を具体的に列挙すると，「筋力が弱い」「疲れやすい」「手先が不器用」「動作が鈍く切り替えも遅い」「バランスが悪い」「階段や平均台等の高いところを怖がる」「体が極端に柔らかい」といったものがあります。これらを一言でまとめると，柔軟性は良好ですが，その他の基礎的運動能力（筋力，筋持久力，巧緻性，平衡性，敏捷性）が劣っているということです。また，姿勢の不安定さや偏平足といった特異な身体特性がみられることも挙げられます。橋本ら（1999）が行った調査によれば，従来ダウン症に指摘されてきた劣弱かつ困難さを示す日常的な運動・動作は，青年期になり緩和される傾向があるとしています。一方で，ダウン症のもつ基礎的運動能力は，運動に対する志向性（態度）に影響を及ぼしていることも明らかとなっています。

（5）加齢と老化

　医療技術の進歩や健常者の平均寿命の伸長により，ダウン症者の平均寿命も以前に比べて伸びているといわれています。しかしながら，成人期以降のダウン症者については外見上の老化徴候が高く，早期老化現象が指摘されています。また，加齢に伴う体力・運動能力の低下・衰退をはじめ，思春期・青年期の一部のダウン症者には行動上の問題やうつ病，アルツハイマー病と類似した変化をきたす報告が多数みられます。こうした高齢化や早期老化現象が指摘されている中，それに伴う体力・運動能力の変化（衰退）に関する研究は重要ですが，

成人・壮年期の加齢変化に関する運動機能の研究はきわめて少ないです。施設で暮らす成人期以降のダウン症者に日常的にみられる身体・運動特性として，「肥満傾向」「動作の遅さ」「偏平足」「体が固い」「体が極端に柔らかい」「疲れやすい」「バランスが悪い」等が報告されていますが，これらは幼児期，児童期から引き続きみられる特性と，加齢により低下している機能によるものとの判別が難しいです。いずれにせよ，ダウン症者においては，生涯にわたり健康を保持増進していくためには，学齢期以降の継続した運動やスポーツ教育支援が求められます。

2. ダウン症児者への運動・スポーツ教育支援

（1）早期療育と運動発達支援

ダウン症児者の身体運動機能の発達の特性とそれに伴うさまざまな課題については第1節で述べた通りです。乳幼児期の運動面へのアプローチは運動発達の促進のみならず，心理的な支援にもつながります。障害のある子どもの発達のためには，早期発見・早期療育が重要であり，特にダウン症の場合には診断が早いこともあり，これまでいろいろな内容および方法で療育が行われてきました。中でも，藤田弘子氏が発案した「ダウン症児の赤ちゃん体操」は，ダウン症児の運動発達支援効果の他，家族の心理支援，合併症の早期発見にもつながるという点で有効性が認められ，病院や療育機関等において広く実施されています（藤田，1989）。また，この体操プログラムは，「座る姿勢」「立つ姿勢」「姿勢を変える」「腹這い姿勢」の4群に分かりやすくまとめられており，自宅でも反復実施できるよう工夫されています。ダウン症児の身体運動機能の発達に向けては，まず体幹を強化し不適切な姿勢の習慣化を防ぐことを重視することが大切です。

（2）学校教育における体育・健康に関する指導と教育課程の編成

ダウン症児は就学後，通常の学級，特別支援学級，特別支援学校といった学

びの場において，学校教育（特別支援教育）を受けます。特別支援教育とは，「障害のある幼児児童生徒の自立や社会参加に向けた主体的な取組を支援するという視点に立ち，幼児児童生徒一人一人の教育的ニーズを把握し，その持てる力を高め，生活や学習上の困難を改善又は克服するため，適切な指導及び支援を行うもの」（中央教育審議会，2005）と定義されています。特別支援学校において体育・健康に関する指導は，体育科，保健体育科はもとより，特別活動，自立活動，各教科領域を合わせた指導，日常生活の指導等さまざまな教科・領域において行われています。そのため，どの教科・領域において，何の学習が行われているかといった全体像を把握し，教育の目的や目標の実現に必要な教育内容等を教科横断的な視点で組み立てていくことが大切です。また，学年および学部間の指導の連続性等を踏まえ指導計画を立てていくことも重要です。

（3）知的障害特別支援学校における体つくり運動

表 1-1 は，知的障害特別支援学校高等部における保健体育科の年間指導計画の例です。多くの学校において年間を通じ，帯状の週日課を組みその中で体つくり運動が行われており，心身の健康と体力の向上を目指した指導が展開されています。一般にダウン症をはじめとする知的障害のある児童生徒は自身の健康への意識が低いとされています。そのため，健康や体力についての実態把握を行い，動機づけを行った上で運動に取り組んでいく必要があります。

体つくりを考える際，単に活動量を増やすことを目的とするのではなく，自身に必要な運動は何かを考え，在学中はもとより卒業後も自ら主体的に運動に

表 1-1 知的障害特別支援学校保健体育科（高等部）の年間指導計画の例

1 学期	2 学期	3 学期
・陸上競技 ・体つくり運動（体の柔らかさを高める運動）	・体つくり運動（巧みな動きを高める運動） ・キックベース ・サッカー ・パラリンピック種目	・器械運動 ・ニュースポーツ ・バドミントン ・保健
ラジオ体操・体つくり運動（体力を高める運動）※年間を通して

取り組むことができるようになることを目標として，教育課程に位置づけ実践を行います。体力とは，持久力のみならず筋力，瞬発力，調整力等の要素も指します。特にダウン症児の場合には運動発達において不均衡を示すため，それらを改善するという意味でも，1つの体力要素に偏ることなく調和的に向上させていき，卒業後の生涯スポーツに向けた素地を作っていきます。

（4）学校体育における指導上の留意点

　ダウン症児をはじめとする知的障害児への学校体育の指導では，児童生徒の障害特性や心身の発達段階を踏まえ，以下の点を留意しながら進めていきます。

　a. やるべきことが分かりやすい活動であること

　b. 児童生徒の実態に合わせた用具が準備されていること

　c. 仲間と協力したり，関わり合えたりする場面が設定されていること

　d. 上達したことを本人に分かりやすく伝え，意欲や自信を育てること

　e. 安心で安全な環境の中で思い切り体を動かすことができること

　体育の指導では，求められている運動や動作を児童生徒にどのように理解させ，「うごき」を作っていくかが大切なポイントとなります。また，支援のレベル（介入度）を個々に調節しながら指導を進めていきますが，特に言語教示の際には，㋐内容を絞って，㋑具体的で平易な表現で，㋒ゆっくり丁寧に，繰り返し，㋓ことばだけではなく，実物や写真，絵カードを使って，㋔ことばに具体的な動作も合わせて，㋕1つ1つ手順を追って，㋖聞き直して，理解したかどうかを確認して，㋗可能な範囲で個別化または小グループ化して，㋘名前を呼ぶなどして，注意を向けて，㋙あいまいな表現を避けて，といった点を留意するとよいです。また，特別支援学校には多様な障害の児童生徒が在籍していますが，体育の授業を展開する際に教員はダウン症の障害特性に応じた支援として，図1-1に示すような配慮や工夫を行っています。図1-1は，ダウン症の障害特性に応じた配慮や工夫について，KH Coder によるテキストマイニングを行ったものです。□は障害特性を示し，○は配慮や工夫について表しています。

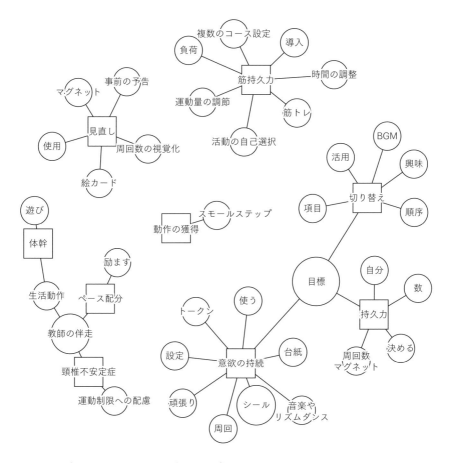

図1-1　ダウン症の障害特性に応じた配慮や工夫（尾高ら，2020）

（5）生涯スポーツと地域資源の活用

　障害のある人たちがスポーツに親しむ機会として，大小さまざまなスポーツ競技大会が開催されています。国際的な競技大会としてはパラリンピックやスペシャルオリンピックスがあり，また，国内で開催されている競技大会には，代表的なものとして「ジャパンパラ競技大会」「全国障害者スポーツ大会」があり，それぞれ位置づけに違いがありますが，障害者スポーツ推進のための

一翼を担っています。中でもスペシャルオリンピックス（SO）は，知的障害のある人たちに継続的なスポーツトレーニングとその発表の場である競技大会の提供を使命とし，活動を通して彼らの自立と社会参加を促進し，生活の質（QOL）を豊かにすることを目的とする活動です。パラリンピックと同様に4年に一度夏季と冬季に大会が開催されます。大会に限らず，日常的なスポーツトレーニングから世界大会まで，さまざまな活動が年間を通じて行われています。

　ダウン症児者に対して，学齢期からの継続した運動習慣を形成していくことは健康を維持していくためにも特に重要な課題です。継続的に運動・スポーツを行うことは，ダウン症児者の生活リズムを整え精神面を安定させることや，心理状態に影響を及ぼすことが期待できます。また，運動・スポーツは，対人コミュニケーションの場となり得ることからも，ダウン症児者の生活の質の向上に寄与するという点で意義があります。スポーツをはじめとする文化芸術活動に親しむダウン症者は他の障害に比べて多く，本人も家族もそうした「場」を求めています。先に述べたような地域社会で取り組まれているスポーツ活動等の地域資源を積極的に活用していくように誘い，生涯スポーツへとつなげていくこともダウン症児者を支える支援者の役割であるといえます。

[文　献]

中央教育審議会（2005）．特別支援教育を推進するための制度の在り方について（答申）．

藤田弘子（1989）．ダウン症児の育児学．同朋舎出版

橋本創一・菅野 敦・池田一成・細川かおり・小島道生・菅野和恵（2001）．ダウン症候群の運動発達・機能アセスメントに関する研究 —— 教育・療育支援のための運動評価ツール（Down Syndrome Motor Assessment Tools）の開発．東京学芸大学特殊教育研究施設研究年報, *2000*, 49-57.

橋本創一・菅野 敦・池田一成・細川かおり・小島道生・菅野和恵・池田由紀江（2000）．ダウン症候群の障害特性，行動特性ならびに身体特性に関する生涯発達研究．東京学芸大学紀要第1部門, 教育科学, *51*, 261-269.

橋本創一・菅野 敦・池田由紀江（1999）．ダウン症児の日常の運動行動の実態と基礎的運動能力に関する研究．東京学芸大学紀要，第1部門，教育科学，*50*，261-270.

丹羽淑子・池田由紀江・橋本泰子・矢花芙美子・山本庸子・岡崎裕子（1980）．ダウン症児の早期発達診断と早期教育プログラムのための基礎的研究．安田生命社会事業団年報，*16*，101-114.

尾高邦生・渡邉貴裕・細川かおり・李 受眞・山口 遼・橋本創一（2020）．特別支援学校における「朝の運動」の実施状況と指導上の課題に関する一考察．日本発達障害学会第55回研究大会発表論文集

岡崎祥訓（1986）．身体機能・能力の発達．塩見邦雄（編），発達心理学総論 ── エイジングの心理学．14-31，ナカニシヤ出版

2章

ダウン症にみられる身体運動機能障害と支援ニーズ

・・・・・・・・・・・・・・・・

熊谷　亮

1. 健康・運動面に関する困難さ

　ダウン症児は，健康面に関する支援ニーズや，身体全体を使う粗大運動や手先の細かい操作を行う微細運動など運動面に関する支援ニーズがあります。はじめに健康・運動面に関する研究をご紹介します。佐藤（2013）は，知的障害特別支援学校のダウン症児を担任する教師を対象に，質問紙調査を行いました。その結果，教師が感じるダウン症児の指導の難しさとして気質面の指導が最も多く挙げられましたが，それに次いで，身体・運動面での配慮に関する事項が多く挙げられました。必要な配慮の具体的な内容として，「肥満傾向で動作が緩慢であること」「心臓疾患がある場合，健康面への配慮が重要になること」「姿勢の保持が難しいこと」等が挙げられています。

　身体・運動機能の遅れは，0歳からみられることが多いです（表2-1）。その背景として，筋力の弱さが挙げられます。ダウン症児は一般的に身体が柔らかいと感じる方が多いと思います。身体が柔らかいことは一見するとよいことのように感じますが，決してそういうわけではありません。筋力が弱いことで粗大運動や微細運動の遅れにつながります。それに加えて，姿勢を一定に保つこ

とが難しいということも起こってくるため，背中が丸くなったり，座っていてもすぐに姿勢が崩れてしまったりすることも多くなります。

また，平衡機能の低さも身体的な特徴として指摘されています。平衡機能の低さがあると，立つことが遅かったり，片足立ちが苦手であったりします。

身長や体重といった身体発育の未熟さといった影響から，同年齢の健康な人と比べて体力が劣ることもあります。また，全般的に体力が低いことに加えて自律神経という体温を調節する機能がうまく働かないことで，特に夏の暑さですぐに疲れてしまうことがあります。手足が冷たいダウン症の子どもが多いのは，この体温調節機能がうまく働かないためと考えられます。

表2-1 運動面での困難さ
筋力の弱さ
平衡機能の困難さ
体力の低さ
肥満のなりやすさ

2. 粗大運動に関する支援ニーズ

先述した通り，運動発達はゆっくり進みます。乳幼児期では，筋力の弱さがあるために，体を腕で支えることが難しく，四つ這い運動を行うことが遅くなることがあります。また，四つ這いができるようになってもその頻度が少なかったり，四つ這いよりも容易にできるずり這いで移動したりすることが多かったりします。立位に関しても，なかなかつかまり立ちができないダウン症のお子さんも少なくありません。これは筋緊張の低さに加えて，平衡機能の発達の遅れも影響していると考えられます。個人差はありますが，表2-2にダウン症児の運動指標の平均を示しました。歩くことができるようになったら，たくさん歩きまわるように促していきましょう。運動が得意ではないタ

表2-2 ダウン症児の運動指標の平均	
首のすわり	5〜7か月
寝返り	8〜9か月
座位	10〜12か月
四つ這い	15か月
歩行	24か月

（池田ら，2010をもとに作成）

ウン症児も多いので，歩けるようになった後にも四つ這いで移動しようとしたり，座った状態で過ごそうとすることもあります。楽しく遊びながら歩かせてあげるとよいでしょう。

　ダウン症児の動作を見ると，とてもゆっくりとしているように感じることも多いかと思います。これは筋力の弱さを原因として，慎重にゆっくりと行動するためと考えられています。また，筋力の弱さに加えて，心臓疾患，眼科的な問題，難聴などが影響している場合もあります。

　運動発達といっても，獲得の早い子どももいれば，著しく遅れる子どももおり，個人差が大きいです。特に「歩く」までの運動発達に遅れを示しますが，幼児期後半には，活発に身体遊びを楽しむダウン症児が多く，運動機能の低さは徐々に改善されていく傾向にあります。

3. 微細運動に関する支援ニーズ

　手先の不器用さが目立つダウン症児も多くいます。小学生から高校生までを対象にした研究では，ダウン症児の 40% 以上のダウン症児に極端な手先の不器用さがあることが指摘されています（熊谷・橋本，2015）。その原因としては，手指の短さや指先の力加減がうまくできないためと考えられています。乳幼児

期の手指操作の発達は健康な子どもより遅れるものの，発達の順序性は同じ道筋をたどって獲得されることが明らかになっています（橋本ら，1994）。手先の巧緻性が高まると，遊びに広がりが出てきて，創造力も高まっていきます。また，手先を使う遊びをすることで，目と手の協応という，目と手を連動させた動作スキルを養うことにつながります。微細運動は日常生活に欠かすことのできない要素の 1 つで

あり，子どもの身辺自立や遊び，学びなど，多くの点で重要な役割を果たします。文字を書いたり読んだりする力を育てるためにも，このような手先を使った遊びを積極的に取り入れていきたいです。

4. 運動面の支援ニーズと肥満について

　肥満は身体的に大きな負担となります。とりわけ心臓疾患のあるダウン症児にとっては深刻な問題につながることもあります。また，肥満になることで糖尿病などのリスクも高まります。川名ら（2000）は，学齢期のダウン症児は一般学童と比べて肥満頻度が約5倍に上ること，特に小学校後半頃に肥満の頻度や肥満の程度が高くなることを明らかにしています。この原因として基礎代謝量や運動量が下がることに加えて，顎の力が強くないことが考えられます。顎の力が弱いので，食事の際にあまり噛まずに飲み込んでしまって満腹感が得られにくく，食べすぎてしまうということが起こります。

　肥満になることによって運動をすることを避けるようになることも多くなります。特に青年期以降の運動行動特性として，「動作が緩慢」「疲れやすい」「ランニングなどの走ることを嫌う」「自発的にスポーツを行うことが少ない」などが指摘されています（橋本ら，1999；橋本ら，2000）。熊谷ら（2021）は，特別支援学校小学部の教師を対象にした質問紙調査において，ダウン症児に対する運動面の指導目標は学年が上がるにつれて粗大運動や健康に関する指導目標が多くなることを報告しています。これらのことは，学校に通っている間は運動する機会が確保される一方で，学校を卒業してしまうと運動をする機会が極端に少なくなってしまう可能性を示しています。そのため，心身の健康を維持するためにも日常的に運動する機会を増やしていく必要があります。近年では，青年期・成人期の余

暇活動としてダンスはもちろん，サッカーや水泳，ゴルフなどに取り組んでいる方も多くいます。また，2021年10月には日本知的障がい者陸上競技連盟が主催する全国ダウン症アスリート陸上競技記録会が開催されるなど，今後は陸上競技も盛んになることが期待されています。学校を卒業するまでに，本人が楽しみながら好んで取り組める運動・スポーツをみつけるなど，日常的に運動に親しめるような環境を設定することも大切です。

[文　献]

橋本創一・池田由紀江・細川かおり・菅野 敦（1994）．ダウン症児の運動能力の発達特性 —— 学齢期の基礎的運動能力の特徴と乳幼児期の運動発達と学齢期の運動能力の関連性について．心身障害学研究，*18*，87-97.

橋本創一・菅野 敦・池田一成・細川かおり・小島道生・菅野和恵・池田由紀江（2000）．ダウン症候群の障害特性，行動特性ならびに身体特性に関する生涯発達研究．東京学芸大学紀要，第1部門，教育科学，*51*，261-269.

橋本創一・菅野 敦・池田由紀江・細川かおり・小島道生（1999）．ダウン症児の日常の運動行動の実態と基礎的運動能力に関する研究．東京学芸大学紀要，第1部門，教育科学，*50*，261-270.

池田由紀江・菅野 敦・橋本創一（2010）．新 ダウン症児のことばを育てる —— 生活と遊びのなかで．福村出版

川名はつ子・野中浩一・高木晴良・手塚文栄・高野貴子（2000）．学齢期ダウン症者の肥満と生活習慣．日本公衆衛生雑誌，*47*，87-94.

熊谷 亮・青木知佳・橋本創一・山口 遼・井上 剛・細川かおり（2021）．知的障害特別支援学校に在籍するダウン症児童に対する指導目標に関する調査研究．日本ダウン症学会第3回学術集会抄録集，133.

熊谷 亮・橋本創一（2015）．学齢期ダウン症児の学校適応スキルと特別な支援ニーズ．東京学芸大学教育実践研究支援センター紀要，*15*，33-38.

佐藤功一（2013）．ダウン症児をたくましく育てる教室実践 —— 学校現場からのデータ＆テクニック．田研出版

3章

医療的問題と
治療・健康管理
——おもに，乳幼児期の運動機能，
整形外科的＋眼科的問題を中心に——

小野正恵

1. はじめに

　近年，ダウン症をもつ方の生命予後が改善され，還暦以降の人生設計も考える必要が出てきました。すでに，両親だけでわが子の行く末をみるということは不可能となっています。

　その人生を，健康で，楽しく充実させ，生まれてきてよかったと思ってもらえるようにするには，乳幼児期・小児期からの対応が一層重要になってきました。

　ダウン症児にみられる医療的問題はたくさんありますが，新生児期から手術や早急に治療を必要とする合併症については，出生した病院，もしくはそこから紹介された病院で対応されているはずです。その後の経過観察や治療が子どもごとに異なるため，特に就学後はダウン症特有の合併症を早期発見するための定期的健康チェックができていない場合が少なくありません。

　長期予後を改善する目標を念頭に，乳幼児期の運動機能と，整形外科的および眼科的問題に重点を置き，その他各種の合併症のチェックや予防についても触れておきたいと思います。

2. 乳幼児期の運動機能

　ダウン症児は筋緊張低下が著明で，表3-1に示すように，運動発達はゆっくりです。比較的早期から療育の介入がなされるようになった近年では，歩行開始時期は2歳前後です。1歳半前に歩行完成となるような，非常に発達がよい例もありますが，2歳の少し手前で，手をつなぐか手押し車を使用して歩けるレベルになるのが平均的です。個人差が大きいので，発達状況を過度に心配せず，筋力やバランス改善の練習を着実に重ねていくことが大切です。1日でも早く歩いてほしいと願う家族の気持ちも分かりますが，大切なのは，疲れにくいよい姿勢で，安全に歩けることです。運動能力の基礎をしっかりさせることが，その後の運動，知的活動にも大きく影響します。

　運動発達がダウン症としての平均から大幅に遅れている場合は，関節脱臼のような整形外科的問題だけでなく，各種の合併症が隠れていることがあります

表3-1　ダウン症児と定型発達児の運動発達

	標準		ダウン症	
	平均（月）	範囲（月）	平均（月）	範囲（月）
微笑む	1	0.5〜3	2	1.5〜4
頸定	3	3〜4	7	6〜7
寝返り	5	2〜10	8	4〜22
座位	7	5〜9	10	6〜28
ずり這い	8	6〜11	12	7〜21
四つ這い	10	7〜13	15	9〜27
立つ	11	8〜16	20	11〜42
始歩	13	6〜18	24	12〜65
有意語	10	6〜14	16	9〜31
二語文	21	14〜32	28	18〜96

（高橋・間川，2015．P.185および日暮ら，2000．P.87を改変）

ので，精査が必要です。

　ダウン症は筋肉の疾患ではないので，訓練すれば筋力はアップします。骨格筋は脊髄神経の支配下にあり，神経からの指令で一定の緊張度が保たれ，命令があると収縮する仕組みです。療育は，この神経回路に刺激を与え，良好な緊張度，あるいは適切な姿位を身につけてもらうことが1つの目標です。さらに，月齢，年齢，そして本人の発達段階に応じた指導が大切です。

　新生児期の手術など緊急対応が終わったら，居住地の児童発達支援センターや，療育機関，訪問リハビリなどで理学療法士（PT）の指導を受ける他，「ダウン症児の赤ちゃん体操」（日本ダウン症療育研究会認定指導員による）を取り入れるなど，なるべく早期に療育を開始することが有効です。単に運動発達促進のためのスキルを適用するだけでなく，スキンシップをとりながら温かい親子関係を築き，前向きな育児ができるよう家族を支援することも療育効果に含まれます。

　幼少時の療育に加え，その後も適切な訓練を重ねることで運動能力は大いに発達し，成長後はバタフライ泳法が得意な方や，毎日ランニングや腕立て伏せを欠かさず，腹筋が割れている方もいます。

3. 整形外科的問題

（1）環軸椎亜脱臼

　環椎（第1頸椎）と軸椎（第2頸椎）の軸突起の間は靱帯で結合し，首の動きを支えています。2～3歳で頸椎のX線写真により，環椎と軸椎歯突起の間隙（ADI：atlanto-dental interval および SAC：space available for the cord）を測定し，その後の運動制限の必要性などを確認します。ただし，低年齢では骨化が不十分でX線所見の正確性にやや欠けますし，将来的なトラブルを予測できるとは限りません。頭部前屈時 ADI が 4mm 以内ならほぼ正常ですが，4.5mm 以上あるいは SAC が 12mm 以下なら専門の小児整形外科に相談します。脊髄麻痺ならいうまでもなく，頭頸部痛，可動域制限，有痛性斜頸などの

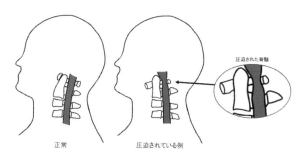

正常　　　　　　　　圧迫されている例　　　　圧迫された脊髄

図 3-1　圧迫された脊髄

症状がある場合も手術適応となります（図 3-1）。

　経過観察が必要な場合は，マットでの前転など，頭頚部に外力が加わる可能性のある運動は制限します。

(2) 外反扁平足

　8 割方の子どもが外反扁平足です。立たせた状態で後方から見たとき，足底アーチ（土踏まず）がつぶれて平らになり，さらに内 踝 が内側に倒れ込んでいる状態です。歩行開始後は，多くの例ではインソール（足底板）を作成します。踵から指先へ向かう，正しい重心移動を経験させることで疲れにくい歩行姿勢を習得し，鶏眼やタコ，外反母趾などを予防することにもつながります（図 3-2，図 3-3）。

　靴の選び方は大切です。望ましい靴の条件は，土踏まず部分が少し隆起している，つま先にゆとりがある，踵部分がしっかり包まれるように固定される，足背部に押さえがある，靴底が硬すぎないなどが挙げられます。

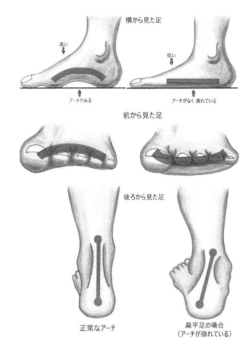

左：正常なアーチの場合, 右：アーチが形成されていない場合。外反になりやすい。

図 3-2　アーチの違い

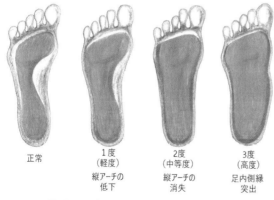

図 3-3　接地面の違い

（3）関節脱臼

　股関節脱臼や膝蓋骨脱臼があると歩行開始が著しく遅れます。脱臼を繰り返すことで関節を傷めないように，早期発見が大切です。小児整形外科医の判断で装具を使用します。

4. 眼科的問題

　ダウン症児の眼の合併症はとても多く，全体の8割程度は何らかの理由で眼鏡が必要ともいわれます。適切な治療と定期チェックは重要で，視覚的情報をしっかり受け取れるようにすることは，精神運動発達にも非常に大切です。

　視力は，成長に伴ってだんだん獲得していくもので，出生直後は0.01，1歳でも0.2くらいの視力しかありませんが，3〜4歳頃に1.0程度と成人レベルになっていきます。網膜にはっきりした像が結ばれて刺激となり，脳の視覚中枢の機能が発達することで視力が発達します。10歳頃を過ぎると視力改善のための治療には反応しにくくなります（図3-4）。

　なお，弱視，斜視，および先天性白内障術後の治療用眼鏡は，9歳未満では健康保険が適用になります。

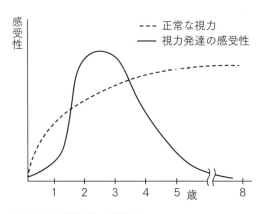

図3-4　視覚発達の模式図

①弱視

　視力の発達が障害されて生じた低視力のことで，眼鏡をかけても視力が十分でない場合を指します。裸眼視力がいくら悪くても，眼鏡をかけて1.0の視力が出る場合は弱視ではありません。弱視の原因には，屈折異常，不同視，斜視などがあります。

　視力検査だけで弱視の判断

をするわけではなく，精密検査ができる状態になるまで弱視の判断は難しいことがあります。また弱視になる可能性が高いと判断すると，予防的に治療を開始します。

不同視弱視（左右の視力に大きな差がある場合）には，よい方の目に1日数時間アイパッチをし，弱視眼を使うように仕向けます。アイパッチの使用が難しい場合は，よい方の目に散瞳剤を点眼し，一時的に少し見えづらくする方法もとられます。

②近視・遠視・乱視

これら屈折異常の中では強度の近視の例もありますが，ダウン症児の69.1%に遠視がみられ，2D（ジオプトリー）以上の乱視は58.5%にみられるとされ，眼鏡が必要です。当初は眼鏡を放り投げて壊すほど嫌がっても，忍耐強く少しずつ装着時間を延ばします。

③白内障

高度の先天性白内障では，片眼性なら生後6週まで，両眼性なら10〜12週までに手術をしないと，弱視になってしまいます。視力獲得に差し支えない程度の白内障などでは，経過観察のみとなります。

④眼振（眼球振盪）

眼振はダウン症児の25%程度にみられます。斜視や弱視，白内障による視力不良など，その原因について検討し治療します。水平に振幅の小さい速い揺れがみられる顕性眼振が多いですが，片眼を隠した時に，隠していない方の目に眼振が現れる潜伏眼振も少なくありません。後者では，片眼ずつの視力検査ではとても数値が下がってしまいます。

⑤斜視

ダウン症児の約三分の一に斜視がみられますが，そのうち三分の二が内斜視です。外斜視，内斜視いずれも手術となることがありますが，手術の必要性，その効果などを専門家とよく検討して決めます。

内斜視には，先天内斜視だけでなく，2〜3歳頃に発症する遠視のために起こる調節性内斜視もあります。

間欠性外斜視は，低年齢では一般小児でもみられますが，悪化傾向の有無を，専門医に定期的にチェックしてもらう必要があります。

⑥睫毛内反（逆さまつげ）

　もともと東洋人では多いのですが，特にダウン症では2割弱にみられます。角膜刺激により流涙や眼脂が多く，眼鏡を汚すために眼鏡をかけづらいようなら手術を行います。通常の方法では再発も多く，睫毛列切除術が効果的との報告があります。

5. その他の一般的医療問題

代表的な合併症につき，述べておきます。

(1) 循環器

　先天性心疾患は，多い順にVSD（心室中隔欠損症），AVSD（房室中隔欠損症），PDA（動脈管開存症），ASD（心房中隔欠損症）などがありますが，欠損孔の大きさや位置，心不全の状態などにより，手術時期，治療管理の難易度もさまざまです。VSDでは欠損孔が小さい場合は自然閉鎖もよくみられます。ダウン症ではAVSDが，一般頻度の4倍と高率にみられます。

　心不全があると運動負荷を嫌いますので，手術が終了すると運動発達のスピードが上がります。

(2) 消化器

　食道閉鎖，十二指腸閉鎖，小腸閉鎖，鎖肛など先天性消化管閉鎖は生後早期に手術します。ヒルシュスプルング病の合併も多くみられます。術後も長期にわたり，浣腸が必要となることもあります。

　乳幼児期には腹筋の力も弱く，便秘は高頻度にみられますが，多くは2～3歳以降に食事量，運動量の増加とともに自然軽快します。腹部のマッサージ，水分摂取励行も有効です。

座位完成も歯牙萌出も遅いですが，栄養面から離乳食の開始は生後6か月からとし，姿勢保持および食形態を工夫します。

(3) 呼吸器

喉頭軟化症等では，低酸素発作や吸気性喘鳴，哺乳障害を生じることがありますが，多くは対症療法とし，年齢とともに改善されます。睡眠時無呼吸，気道感染時の呼吸障害がみられ，扁桃やアデノイドが大きいことが理由であれば摘出術も行われます。

(4) 血液疾患

新生児の10%程度に，一過性骨髄異常増殖症（TAM）がみられます。自然軽快することも多いとはいえ，白血病の前段階といえる病態で，その中の20%の子どもは，1〜3年後に白血病（多くは巨赤芽球性白血病）を発症してきますので，数年間は定期的なチェックが必須です。

(5) 内分泌疾患

甲状腺機能異常の頻度は高く，特に機能低下が多くみられます。はっきりした症状のない潜在性機能低下でも，成長期にはたいへん重要なので，甲状腺剤の補充が行われます。

ダウン症の低身長は体質的なもので，両親の身長も大きく影響します。時に成長ホルモンの分泌不全があり，自己注射治療の対象となることがあります。ダウン症専用の成長曲線を利用してください。ダウン症児の平均身長は，母子手帳に掲載されている一般児の成長曲線の3パーセンタイルをわずかに下回るラインとなります。

(6) 代謝

乳幼児期は，哺乳不良，体重増加不全が問題で，生活習慣病に注意が必要となるのは学童期後半からです。とはいえ，生活習慣病は，乳幼児期からの食習

慣に大きく影響されるので，乳幼児期は，バランスのとれた食事をしっかり咀嚼できるよう配慮していくことが大切です。

（7）神経

1歳以下でみられる点頭てんかん（West症候群）は治療開始が早いほど予後がよいため，早期発見がたいへん重要です。5〜10秒程度のシリーズ形成をするてんかん性スパズムと，脳波所見（ヒプスアリスミア）が特徴的です。ACTH療法が最も効果があり，小児神経の専門施設で入院治療を行います。

（8）耳鼻科

ダウン症の外耳道は狭く，鼓膜の観察が難しいこと，また受診頻度も高くなるので，自宅から近いところで，かかりつけの耳鼻科の先生を決めておくことをお勧めします。

滲出性中耳炎になりやすく，治療期間が長期化することも多く，反復するようなら鼓膜にチューブを留置します。

新生児聴覚スクリーニング検査でパスしなくても，その後の再検や精査で問題がないこともよくあります。35dB程度の音が聞こえれば日常生活に支障はありません。補聴器の使用を嫌がる子どもも多く，必要度と効果，本人の受け入れ状況などを勘案し，保護者と合議の上で決めます。片側の聴覚障害では，通常補聴器は不要です。

（9）泌尿器

停留精巣は，生後3か月までに下降しなければ，その後の自然下降はほぼ望めないとされ，放置すれば悪性化の可能性があるため手術します。

（10）感染症

ダウン症では免疫力がやや弱いとされますが，3歳を過ぎた頃から感染症の頻度は減ってきます。低年齢で保育園に入ると気道感染症の頻度が高く，また

罹患すると治癒するまで時間がかかる傾向があり，しばしば中耳炎も併発して
きます。

　予防接種はできるだけ実施しておくことは大切です。また RS ウイルス感染
で重篤化が懸念されるケースでは，モノクローナル抗体のパリビズマブ（シナ
ジス®）を流行期に月 1 回注射します。

［文　献］

日暮　眞・高野貴子・池田由紀江（2000）．小児のメディカル・ケア・シリーズ　ダウ
　　ン症 2 版．87．医歯薬出版

高橋秀寿（監修）．問川博之（編集）．（2015）小児リハビリテーション評価マニュア
　　ル．185．診断と治療社

Tomita，K.（2017）．Visual characteristics of children with Down syndrome.
　　Japanese Journal of Ophthalmology，*61*(3)，271-279.

富田　香・釣井ひとみ・大塚晴子・加藤久美子・木村明子・白石由美子・新保由紀
　　子・高田京子・富田　彩・能美陽子（2013）．臨床研究ダウン症候群の小児 304
　　例の眼所見．日本眼科学会雑誌，*117*(9)，749-760.

4章

療育・保育・幼児教育・学校・民間療育・放課後等デイサービスにおける身体運動と健康を育てる関わり（集団の中での育ち）

和知真由

1. ダウン症児の身体運動を育てる関わり

　ダウン症児者の身体や運動能力の特徴から，生涯にわたって運動の支援を必要とすることが考えられ，幼児期から成人期にわたって運動支援についての研究が幅広く展開されています。

　乳幼児においては，運動に関わる筋肉の低緊張と姿勢や運動発達の遅れという2つの特徴が挙げられています。石川ら（1992）は，ダウン症児の教育において，早期から長期間にわたって取り組むことの重要性に注目し，早い時期に豊かな感覚運動刺激を与えること，さらに，保護者，兄弟，他の子ども，指導者等，なるべく多くの人間との関わりの中で指導を進めることにより，グループ間相互の力を取り入れ，発達を援助することができると考え，集団によるムーブメント教育を行いました。ムーブメント教育・療法は，「子ども（対象者）の自主性，自発性を尊重し，子ども自身が遊具，場，音楽などの環境を活用しながら，動くことを学び，動きを通して『からだ（動くこと）』と『あたま（考えること）』と『こころ（感じること）』の行動全体に関わる調和のとれた発達を援助」（特定非営利活動法人日本ムーブメント教育・療法協会HP）するも

のです。石川ら（1992）は，ムーブメント教育を集団で行うことにより，対象児が他児の動きに誘発され，自分も挑戦してみようという気持ちが起こり，活発に意欲的に取り組む場面が観察されたと報告しています。また，2006年12月「障害者の権利に関する条約」が国連総会で採択され，インクルージョンの理念が唱えられ，保育分野においても，どの子どもも一緒に保育を受け，その環境や関わりもすべての子どもと分け隔てなく包み込む状況で保育を行うことが主流になってきており，運動を促す活動としてムーブメント教育などを取り入れている園も多くみられます。

　児童期においてもダウン症児の運動支援が行われています。山田・船橋（2012）は，ダウン症児を含む知的障害のある子どもへのグループにおける運動指導を行い，ダウン症児は指導者やスタッフ，他の対象児が活動している様子に注目することができ，最初はできない運動でも指導者の援助のもとその経験を増やすと体の動かし方を身につけ運動技術の向上につなげることができると報告しています。ダウン症児者は知的障害者の中でも運動や動きを見て模倣することが得意であることがしばしば指摘されており，模倣する対象のいる集団による支援が有効であると考えられます。運動支援を行う際には，見て簡単に模倣することができるような運動内容を考えていくことが重要であると考えられます。

　磯貝・小島（2013）は，運動能力の発達はダウン症児のあらゆる発達に影響を与えることが考えられ，運動経験が豊富なほど運動能力の発達が期待できると述べています。以上のことから，生活の場である家庭での促しだけでなく，所属先である保育園や幼稚園，学校や利用している療育機関等の集団の中で，他児や支援者等との相互のやりとりから体を楽しく動かす経験を繰り返し積み重ね，運動能力の発達を促していくことが可能であると考えられます。

2. ダウン症児の健康を育てる関わり

ダウン症児の健康に関しては，ダウン症特有の疾病だけでなく，生活習慣病

の増加が顕著な問題となり，子どもの頃からの健康づくりに取り組む必要性に迫られています（2017 年 11 月，第 1 回日本ダウン症会議）。

太田ら（2020）は，ダウン症児の場合，幼少期の段階から小児肥満症とされることが多く，より早期に肥満に関する介入が必要であると述べています。また，幼小児期には目立たず，肥満しない子どももいる一方，年齢が進むにつれて肥満傾向になるリスクが高いことも明らかにされています（伊藤・武田, 2013）。勝二ら（2018）は肥満と判断される児童生徒に対しては，早期から適切に支援を行う必要があるが，知的障害を伴う場合，感情や行動のコントロールができなかったり，肥満への理解が難しかったりとさまざまな困難を抱えることが多く，早期発見と早期介入が大切であると述べています。

肥満予防のための支援としては，食事指導や運動指導等に取り組んだ報告がみられます。

運動に関する介入では，太田ら（2020）によると，小学校から高等学校段階のダウン症児者を対象に肥満予防や肥満解消のために一定期間の運動を取り入れている事例が多くみられたことを報告しています。また，余暇活動との関連性からスポーツを取り入れている教育実践や，体育の授業実践において身体機能の向上を目的に計画された身体活動を継続的に取り入れて記録した教育実践がみられたことも述べています。また，伊藤ら（2013）は，肥満を予防するための運動については，肥満が高度化しないうちに進めていく必要があるとしており，なるべく早い時期に運動への取り組みを積極的に進めていく必要があると述べています。そのため，保育園や幼稚園・学校等で楽しみながら運動を行う経験を積み重ねることが重要であると考えます。さらに，その取り組みを継続することで運動の習慣を身につけ，生涯健康に過ごすことが可能になると考えます。

食事に関しては，川名ら（2000）によると，ダウン症者の学童期の肥満はトラッキングすることが多く，早い時期の対応が必要であることや，幼児期の肥満には「おやつやジュースが多い」「噛まないで飲み込む」「大食」などの食習慣の関与が認められたことが報告されています。また，田辺ら（2012）は，ダ

ウン症では全身の筋緊張が低いことや口腔形態の特徴から，正常嚥下機能や押しつぶし機能が不十分なままである場合があることが知られており，噛み方や飲み込み方の指導など食行動への介入の必要性を示唆しています。これらのことから，バランスの取れた食事の栄養指導や，ダウン症児者の摂食機能の特性を考慮した摂食指導が重要であると考えられます。具体的な実践としては，食事内容の記録や，担任教師と保護者が連携して食事面の支援を行った教育実践等がみられています。

　加えて，太田ら（2020）は，ダウン症に関する肥満指導に関して，加齢に伴う生理的変化および合併する確率の高い疾患の病理的状態を踏まえた指導が重要であると述べ，そのために定期的な健康診断による身体的状態の把握と，多職種連携が重要になってくることを念頭に，肥満指導を行う必要があるとしています。

　ダウン症児者が生涯健康で過ごすためには，乳幼児期や児童期において，所属先と家庭が連携し，運動や健康的な食生活を習慣化することが最も重要であると考えます。そうすることで，所属先を卒業した後もその習慣を継続し，健康を維持，増進して過ごすことができると考えます。

[文　献]

石川郁子・飯村敦子・小林芳文（1992）．ムーブメント教育によるダウン症児の指導
　　── グループプログラムによる実践．横浜国立大学教育紀要，32, 59-63.

磯貝美奈・小島道生（2013）．ダウン症者の運動能力と支援に関する一考察．岐阜大
　　学教育学部研究報告　教育実践研究・教師教育研究，9, 95-100.

伊藤由紀子・武田 篤（2013）．ダウン症児童生徒の肥満予防に関する保護者の意識調
　　査，秋田大学教育文化学部教育実践研究紀要，35, 87-92.

川名はつ子・野中浩一・高木晴良・手塚文栄・高野貴子（2000）．学齢期ダウン症者
　　の肥満と生活習慣．日本公衆衛生雑誌，47, 87-94.

太田麻美子・小原愛子・權 偕珍（2020）．ダウン症児者に対する肥満指導の現状と教
　　育的課題に関する考察 ── 知的障害の生理・病理の観点から．Journal of
　　Inclusive Education, 8, 40-50.

勝二博亮・山本里沙・内田清香（2018）．成長曲線からみたダウン症者における肥満とその支援．茨城大学教育実践研究, *37*, 155-167.

田辺里枝子・曽我部夏子・祓川摩有・小林隆一・八代美陽子・髙橋 馨・五関 - 曽根正江（2012）．特別支援学校の児童・生徒の食生活の特徴と体格との関連について．小児保健研究, *71*(4), 582-590.

特定非営利活動法人日本ムーブメント教育・療法協会．ムーブメント教育・療法が目指すこと．https://janet-npo.jp/about.html

山田和広・船橋篤彦（2012）．サーキットトレーニングにおける知的障害児の運動指導 —— 身体を動かすことの楽しさを育てる支援の検討．障害者教育・福祉学研究, *8*, 25-34.

5 章

インクルーシブ保育・教育における
身体運動発達支援
（合理的配慮）

田口禎子

1. インクルーシブ保育・教育とは

　インクルーシブ保育・教育とは，すべての子どもの多様なニーズに対応できるように，すべての子どもを包含する保育・教育のことです。1994 年にユネスコが採択したサラマンカ声明以降，世界的にインクルーシブな社会を目指す流れが生まれ，日本では 2014 年に国連の「障害者の権利及び尊厳を保護・促進するための包括的・総合的な国際条約（障害者の権利に関する条約）」に批准し，2016 年に「障害を理由とする差別の解消の推進に関する法律（障害者差別解消法）」を施行しました。

　こうしたことを背景に，教育においては文部科学省が 2012 年に「共生社会の形成に向けたインクルーシブ教育システム構築のための特別支援教育の推進（報告）」（中央教育審議会，2012）を公表しました。そこには，「インクルーシブ教育システムにおいては，同じ場で共に学ぶことを追求するとともに，個別の教育的ニーズのある幼児児童生徒に対して，自立と社会参加を見据えて，その時点で教育的ニーズに最も的確に応える指導を提供できる，多様で柔軟な仕組みを整備することが重要である」と記されています。

インクルーシブ教育システム構築に必要な要件は，以下の3点です。

①障害のある者が一般的な教育制度から排除されないこと。

②障害のある者に対する支援のために必要な教育環境が整備されること（基礎的環境整備）。

③障害のある子どもが他の子どもと平等に「教育を受ける権利」を行使するため，個々に必要とされる適当な変更・調整（合理的配慮）が提供されること。

また，個別の教育的ニーズに応える指導を提供するために，小・中学校における通常の学級，通級による指導，特別支援学級，特別支援学校といった，連続性のある「多様な学びの場」を用意しておくことが必要である，としています（図5-1）。

ダウン症のある幼児児童生徒の場合，幼児期は一般の保育所や幼稚園に大多

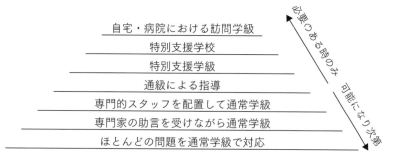

図 5-1　連続性のある多様な学びの場 （中央教育審議会，2012）

数が通園しており，小学校1年生の就学先で最も多いのは通常学級，次いで特別支援学級となっており，こうした学びの場に就学する児童が大半です（高野・高木, 2011)。

　そのため，ダウン症のある子どもは幼児期や学齢期前半には通常のクラスで他の子どもと共に過ごす場合が多いと考えられ，インクルーシブ保育・教育が目指すところである同じ場で共に学び生活するということを実現できる可能性は十分にあるといえます。ただし，同じ場で過ごしながら適切な対応がなされていない場合には，単なる放り込み（ダンピング）になるため，避けねばなりません。

2. 教育的ニーズとは

　幼児児童生徒の教育的ニーズとは，日本では，特別支援教育の文脈で障害と結びつけて語られることが多くあります。しかしながら，特別な教育的ニーズ（Special Educational Needs：SEN）という概念はイギリス政府が1982年に特別教育の対象となる子どもを「障害のある子ども」として捉えずに，「特別な教育的ニーズ」のある子どもとして捉えたことに端を発します。当時画期的であったのは，診断された障害のみではなく，教育上の困難さや活動の制限，そのための教育的援助をも含む概念だったということでした。障害と特別な教育的ニーズの関係性が分かりやすく示されている図5-2を以下に載せます（徳永, 2005)。つまり，障害の有無と特別な教育的ニーズは必ずしも同じではありません。インクルーシブな保育・教育においては，障害の有無にかかわらず特別な教育的ニーズのある幼児児童生徒すべてに必要な教育的サポートを提供される必要があります。

3. 合理的配慮とは

　合理的配慮とは，障害のある人の人権が障害のない人と同じように保障され

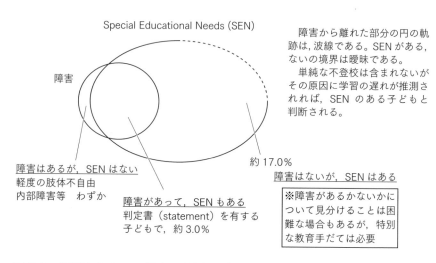

図 5-2 「障害」と SEN の概念の重なりと違い（徳永，2005）

（図内のテキスト）

Special Educational Needs (SEN)

障害

障害から離れた部分の円の軌跡は，波線である。SEN がある，ないの境界は曖昧である。
単純な不登校は含まれないがその原因に学習の遅れが推測されれば，SEN のある子どもと判断される。

障害はあるが，SEN はない
軽度の肢体不自由
内部障害等　わずか

障害があって，SEN もある
判定書（statement）を有する
子どもで，約 3.0%

約 17.0%
障害はないが，SEN はある

※障害があるかないかについて見分けることは困難な場合もあるが，特別な教育手だては必要

るとともに，教育や就業，その他社会生活において平等に参加できるよう，それぞれの障害特性や困り事に合わせて行われる配慮のことです。2016 年に施行された「障害者差別解消法」により，この合理的配慮を可能な限り提供することが，行政・学校・企業などの事業者に求められるようになりました。教育においては，「『障害のある子どもが，他の子どもと平等に『教育を受ける権利』を享有・行使することを確保するために，学校の設置者及び学校が必要かつ適当な変更・調整を行うことであり，障害のある子どもに対し，その状況に応じて，学校教育を受ける場合に個別に必要とされるもの』であり，『学校の設置者及び学校に対して，体制面，財政面において，均衡を失した又は過度の負担を課さないもの』」と定義されています（文部科学省，2016）。

　では，ダウン症のある子どもに対する身体運動面の発達支援において，この合理的配慮が提供されるにあたり，具体的にはどのようなものが想定できるでしょう。支援が必要な場面では，本人や保護者，関わる教師や保育者がその問題の背景要因を探り，必要な手立てを検討していくことになるため，合理的配慮のあり方は個別のケースにより異なりますが，たとえば以下のようなものが

挙げられます。

　手指の操作など微細運動に不器用さがある場合：作業のコツや手順を絵や図を用いて示す，おとなが手を添えて体の動かし方を伝える，食具や文房具など，本人の使いやすいものを使用する等。

　姿勢保持が難しく長時間座っていられない：姿勢保持椅子やすべり止めマットを利用する，定期的に体を動かす，休憩をとる等。

　マット運動や鉄棒などが苦手：手をつく位置をマークする，おとなが体を支えて補助する等。

　身体運動を伴う活動への参加を嫌がる：ランニングの時は BGM をかけて走る，ダンスや歌などの好きな活動と組み合わせる等。

　いずれにしても，本人や支援者にとって過重な負担とならず取り組め，学校や園での困り事を減らせるところから行っていくことが望ましいです。また，藤田・齊藤（2017）は身体運動を伴うインクルーシブ体育において留意すべき点として，以下の2つを挙げています。

　1つは，変更や代替の安易な実施とならないことです。障害のある児童生徒がスポーツに参加する際，見学や記録係・得点係などの役割分担による代替を配慮として実施することは，同じ学習課題であるとはいいがたく，共に学ぶための学習活動のねらいを踏まえた配慮となる必要があると指摘しています。

　もう1つは，子どもの負担や心理面での配慮をすることです。ルールや用具の変更が周囲の子どもに不公平感を抱かせたり，運動が恐怖心や自尊心の低下を引き起こしたりする場にならないよう配慮する必要があります。

4. インクルーシブ保育・教育における身体運動発達支援

　人間の身体運動は，食事，排泄といった生存のための動き，遊びやスポーツなどの楽しみや健康の維持増進のための動き，会話などのコミュニケーションのための動きなど，さまざまな形で行われています。身体運動は，体力や技能，

精神力などさまざまな能力が必要であり，生きるためにはそれらを高めたり獲得したりしなければなりません。

　ダウン症のある子どもにはさまざまな身体的特徴があり個人差もありますが，おもには筋緊張低下，じん帯の弛緩性，筋力が弱い，短い手足，医療的問題がみられます。そうした身体的特徴による影響を克服しながら，身体運動能力獲得に向けて指導していく必要があります。

　また，ダウン症のある子どもの学習スタイルについて，「彼らは期待した行動をとらず，習慣化することを避ける傾向がある」という指摘がなされています（Winders, 2020）。こちらが身につけてほしいスキルだからといって無理に練習させようとすると反抗や放棄，一生懸命に取り組まないといった行動につながるため，効果は薄いです。子どもの興味を引くようなおもちゃを利用したり，慣れた環境で本人がやりたがる動きを練習させたり，一貫した方法で練習したりすることが望ましいです。

　知的障害が伴う場合には，学びは緩やかであるが時間をかけて確実に積み上げていくことができます。そのため，「教える」ことと同時に「待つ」ことも重要です。言語の理解が弱い場合には，具体的で平易なことばに言い換える，一度に複数の指示を出さない等の方法で，理解を促す必要があります。また，空間認知や情動の調整にも困難さがある場合には，視覚的に分かりやすいよう場所に目印を付けたり，クールダウンや気持ちに寄り添った感情の言語化を行っていくことも必要です。新しい事を始める際の不安や活動の理解が不十分でどうしたらよいか分からない等の理由でなかなか取り組めない場合もよくみられますが，その場合には無理強いしたり急かしたりすることなく気持ちが切り替わるのを待つことが大切です。定型発達の子どもに比べて知的障害のある子どもは学習の成功体験が少なく，次の学習への意欲が育ちにくい傾向があるため，身体運動についても技能の習得のみを目指すのではなく，本人の学習に対する努力や自発的な取り組みに対して支援者が認め，共感しながら自信をつけさせていくことが重要です。

［文　献］

中央教育審議会 初等中等教育分科会（2012）．共生社会の形成に向けたインクルーシブ教育システム構築のための特別支援教育の推進（報告）

藤田紀昭・齊藤まゆみ（2017）．これからのインクルーシブ体育・スポーツ —— 障害のある子どもたちも一緒に楽しむための指導．ぎょうせい

池畑美恵子（2020）．感覚と運動の高次化理論からみた発達支援の展開 —— 子どもを見る眼・発達を整理する視点．学苑社

石田祥代・是永かな子・眞城知己（2021）．インクルーシブな学校をつくる —— 北欧の研究と実践に学びながら．ミネルヴァ書房

文部科学省（2017）．教職課程コアカリキュラム

大城昌平・儀間裕貴（2018）．子どもの感覚運動機能の発達と支援 —— 発達の科学と理論を支援に活かす．メジカルビュー社

高野貴子・高木晴良（2011）．ダウン症候群の保育，療育，就学，就労，退行，医療機関受診の実態．小児保健研究，*70*（1），54-59.

徳永 豊（2005）．「特別な教育的ニーズ」の概念と特殊教育の展開 —— 英国における概念の変遷と我が国における意義について．国立特殊教育総合研究所紀要，*32*，57-56.

UNESCO（1994）．*World Conference on Special Needs Education: Access and Quality*. Salamanca Statement.

Winders, C. P.（真野英寿・和田可奈子監訳，佐藤あずさ訳（2020）．ウィンダーズ先生のダウン症のある子どものための身体づくりガイド —— おうちでできる練習BOOK．三輪書店

吉田武男（監修），小林秀之・米田宏樹・安藤隆男（編著）（2018）．特別支援教育 —— 共生社会の実現に向けて．ミネルヴァ書房

6章

身体運動と健康を育てる
家族のあり方・接し方

....

宮本　愛

　ダウン症児は乳幼児期，運動発達に全般的な遅れがあり，学齢期以降も運動能力は健常児と比べると低いといわれています。バランスが悪かったり筋力が低かったりと，苦手な動作も多いため，練習しても上達が遅く，自信をなくしてしまうこともよくみられます。運動することがだんだん苦痛にならないよう，子ども時代に「体を動かすことって楽しいな」というイメージができるような経験をしていってほしいと思います。

　生涯にわたり健康的に，また主体的に身体を動かして生きていくために，家族はどう関わっていけばよいでしょうか。関わりのポイントを以下に挙げていきます。

1. 身体運動の発達を育む環境づくり

（1）まずは体調・生活リズムを整える

　ダウン症児は，合併症があったり，気管支炎などの呼吸器系の病気や，中耳炎や鼻炎など耳・鼻の病気にかかったりすることが日常的にありますが，まずは体調を整えることを大切にしましょう。家庭の中では少し具合が悪いだけにみえても，園や療育の場ではふだんほど思うように活動できない様子がみられ

ることがあります。

　栄養をとってしっかり休むということは当たり前のことに思えますが，日中意欲的に動き，学ぶベースとしてとても大切なことです。

　かかりつけの病院や幼稚園・保育園の先生，療育の専門家などに相談しながら，安全に留意しその子のペースや生活リズムを見つけていくことが大切です。

(2) 本人の好きなことや「やりたい」気持ちを大切にする

　　4歳のゆきちゃんは，お休みの日に家族で大きな公園に遊びに行きました。両親は駐車場から遊具のある広場まで歩いてほしいので，手をつないで行きますが，ゆきちゃんはすぐに道の真ん中で座り込んでしまいました。声をかけても引っ張ってもなかなか動き出さないので，お母さんは仕方なくゆきちゃんを抱っこして広場まで連れて行きました。すべり台で何度か遊んだ後，ゆきちゃんは今度は広場から出てお散歩をし始めました。遊歩道をふわふわと楽しそうに歩いて行きます。後ろから追いかけるお父さんのことも気にせず，どんどん歩いて行きます。

　同じ子どもであっても，本人の気持ち次第で，その行動の様子がまったく変わり，驚かされるのは日常でよくみられることです。特に幼児期は意欲の有無で動きも大きく変化します。「楽しそう」「やりたい」と思える活動を分かりやすく提案することが，身体運動を促す上で不可欠です。「上手になると格好いいよ」「体力をつけるのは大事だよ」など，がんばった後の結果やメリットを説明したとしても，子どもがそれを理解しモチベーションにするのは，なかなか難しいでしょう（ダイエットやトレーニングについて考えてみると，私たちおとなにとってすら，難しいということが分かります）。

家族は，子どもの興味関心，得意不得意を誰よりも知っています。身体運動を行うことへのハードルが下がるよう，本人ができるだけ楽しめ，「今それをやりたい」と思える気持ちになるよう環境設定や声かけの工夫をしてあげましょう。ゆきちゃんのエピソードであれば，以前公園に行った時に撮った写真を見せ「すべり台のところへ行こう」と視覚的な見通しをもたせたり，大好きな『さんぽ』の歌を歌って促してあげたりすることで，気持ちの切り替えができるかもしれません。また，切り替えが難しい時，いくつかの課題や材料から選ばせる，一緒にやる人や場所を選ばせるなど，「自分で選ぶこと」が意欲につながることもあるようです。

（3）「できた！」「がんばった！」で終われるようにする

　初めての活動やまだできない動作に挑戦し，結果がうまくいかないと，苦手意識ができてしまいます。失敗が重なれば，自信がなくなり「やりたくないな」という気持ちになりがちです。完璧にはできなくとも，もう少しでできそうなことはさりげなく手伝ってあげて，本人が「できた！」という気持ちで終われるようにしましょう。先のゆきちゃんのエピソードであれば，広場の少し手前で抱っこから下ろし，「よーいどん！」と少しだけ一緒に歩いて，がんばりを認めてあげることもできます。内容的にさりげなく達成させることが難しい場合は，それにチャレンジしたこと自体をたくさんほめてあげたいと思います。いずれにしても，最後は気持ち良く終われることが，次のチャレンジやがんばりにつながっていきます。

　また，最初から高い目標を目指すのではなく，目標を細かく分け，まずはできそうな小さな目標からチャレンジし，最終的に高い目標に近づいていく「スモールステップ」の視点が大切です。小さな達成感や成功体験，ほめられてうれしい気持ちが，「運動って楽しいな」という気持ちを高め，やる気につながります。

（4）日常生活の中での経験を大切にする

私たちは，日常生活の中でさまざまな動作を，目的をもった行動として自然に行っています。たとえばズボンの着脱１つをとっても，脱ぐ時には「両手でズボンをつかみ下げる」「片足ずつ上げズボンから足を出す」といった動作，履く時には「両手で履き

口を持って広げる」「片足ずつ足を入れる」「手を後ろに回し腰を落としながらズボンを引き上げる」等，いくつもの動作を複合的に行っていることが分かります。

身体運動機能の発達を促したいとき，とかく，「○○の練習」をさせなくてはと考えがちですが，生活の中で似たような動作を探すと自然に練習の機会を増やすことができます。生活動作の獲得は本人の自立と自信につながります。

また，ぞうきんがけが体を腕でしっかり支える鉄棒の練習になるように，身体運動をお手伝いに取り入れられる場合もあります。お手伝いは子どもの好きな活動です。家族の一員としてがんばった達成感や，ほめられてうれしいという気持ちがもてます。家族も自然と子どもの行動をほめることができます。

忙しい毎日の中，子どもが試行錯誤している間「手を出さずに見守る」「できるだけ自分でやらせる」ことは家族にとってたいへんな努力が必要だと思います。あらかじめ多めに準備のための時間をとっておいたり，「今日はここだけは見守ろう」とポイントを決めたりするなど，できる日に少しずつ練習していくとよいでしょう。

（5）子どもと一緒にやる気持ちで

家庭で，子どもが運動や体遊びを行っているのを見ていると，子どものでき

ないところが必要以上に気になり，ついつい行動を否定したり，何度も直したりしたくなることがあるかもしれません。運動は，子どもに「させる」というよりは，できる範囲で「一緒に協力して行う」という姿勢で臨みましょう。たとえば，子どもが1人でする動きや遊びであっても，家族も横でやったり，順番にやってみたりするとゲーム性が増しみんなで楽しめます。また，子どもと同じ動作をしてみることで課題に対する理解も体験的に深まります。「ここが難しいね」「疲れたけれど楽しかったね」など自然と共感的なことばが出てきますし，達成できたことをほめるだけでなく，共に喜び合うことができます。うれしそうな家族を見ているだけで，子ども自身，自然とうれしくなるものです。子どもだけでなく，一緒に関わるおとなにとっても，楽しい時間になることを願っています。

2. できるときに，できることを。子どもも家族も無理せずに

　ある動作や動きを上達させるために，繰り返し粘り強く練習していくことは大切なことです。とはいえ，何度も同じプログラムをやるにつれて新鮮味がなくなり，子どもが（もしかしたら，一緒にやる家族も）飽きてくることがあります。また，かつては楽しめた内容であっても，子ども（もしくは家族）の体調や疲れによって楽しくできない日もあるかもしれません。状況に合わせ，無理せずに行っていくことが，逆に継続につながっていきます。

　子どもの気が乗らないときに何とか無理してやらせても，労力に見合う効果が得られないことは多いです。そんな時には，さっと切り上げたり，他のことをやってみたりするのも次につなげるための工夫の1つです。シナリオ通りに進まないことや，脱線してしまうことも時にはありますが，結果として楽しめたら大成功です。

　また，子どもが楽しくやっていると，つい家族も熱が入ってしまい，「あと1回！」「もう少しでできそうだからがんばれ」などと言いたくなります。しかし，子どもにとっては，少しだけ物足りないくらいで終わる方が，次回もう一度やる時に意欲的に始められるようです。

　家族の誰かが楽しめない時は無理をしない，そんな気持ちで日常生活に取り入れていけるとよいと思います。

7章

子育ての体験から
「俊昭のこと」

....

清野弘子

　清野俊昭34歳男子です。5人きょうだいの4番目，長男として生まれました。現在は，就労継続支援B型の事業所へ通所しています。

　ことばでのコミュニケーションは難しく，せいぜい「うん」という返事が小さく返ってきます。通常は，簡単なやりとりは二択から決めます。きちんと答えてもらいたい事柄がある時には，ひらがなや，やさしい漢字で項目を書き出し選んで丸印を付けてもらい意思の確認をしています。日常生活での家族の間では意思の疎通に困ることはありませんが，息子は本当は困っているかもしれません。多くの我慢を強いられているかもしれません。それでも嫌なことはスルーし，大好きなことには率先して参加してくる，そんな息子のことを書かせていただきます。

1. 誕生

　1987年7月12日，わが家の長男（上に3人の姉）として生まれました。

　息子は21トリソミーで合併症がありませんでした。身長46センチメートル，体重3036グラムととても小さく，柔らかく，耳も目も小さく，母乳を吸う力も弱く，すぐに眠ってしまう，お腹が空いたと夜中に起こすこともなく，上の

姉たちと比べるととても私を寝かせてくれる赤ちゃんでした。生後7日目で便秘になり病院に駆け込むことが起こったりして，子育てにはベテランの私でもどう付き合ったらよいか分からないことばかりのスタートでしたが，上の子どもを育てたように子育てをしようとスタートしました。とにかく成長はゆっくりで，1か月を過ぎた頃に，助産師さん保健師さんの訪問があり，1日5グラムしか体重が増えていないことが分かり，母乳だけでは育てることはできないと，粉ミルクに切り替えました。そのあたりから体重が増え始め，1日20グラムから50グラムと順調に成長を始めました。首が座るのも遅く，完全に座ったといわれたのは8か月の時でした。寝返りは半年頃から下半身だけ動かすことができ，肩がなかなか抜けずゴロゴロ。ですがそれさえも楽しく見守っていました。ダウン症の赤ちゃんは首が座る前に寝返りができるようになる子もいると聞きました。この頃から療育センターに通園するようになり，からだづくり療育が始まりました。発達は順調で1歳8か月頃には歩き始め，2歳過ぎにはだいぶ長い距離を歩くことができるようになりました。

2. 児童学園に親子通園の頃

　これは1989年4月から通い始めた児童学園（現在児童発達支援センター）の担任が書いてくれた2学期のまとめです。書類を整理していた時に偶然見つかり，ちょうど運動発達についても書かれているので紹介させていただきたいと思います。

生活面

・食事：噛んで食べることを習慣づけしながら，進めてきました。まだ吸い食べもありますが"カミカミ"と言うと意識してよく噛んでいます。自分で食べる力はついてきているので，今は姿勢を正しくすることや，ゆっくり食べる習慣を身につけるためにお母さんの介助が必要です。

・排泄・時間・排泄で漏らすことが少なくなり，予告をしてくれるようにな

りました。

・着脱・協力動作が中心ですが，靴を脱ぐなど簡単なところはできています。

・はしごの登りや，すべり台7段の逆さ登りなど，手足の力がつき，体を そのものの用途に合わせて動かすという力がついてきています。

・朝の仕度が済むと早々に黒板に行き，ぐるぐるのなぐり書きをしています。

3. 児童学園卒園時の評価

　1歳9か月で入園した児童学園ですが，発達が良好だったため，次年度の通園予定を繰り上げて2歳8か月時に1歳上の子どもたちと一緒の卒園となりました。その3か月前，1989年12月15日（2歳5か月）時点で，身長85.0センチメートル，体重12.9キログラムになっていました。

I. 年間目標：しっかり噛んで食べられるようになる

　はじめは，スプーンで食べながら，うまくいかないと手も使っていました。偏食もなく，自分で食べる意欲は充分ありましたが，吸い食べになり，噛むことが苦手でした。摂食指導からの課題は，①ゆっくり噛む習慣をつけること，②1口ずつお母さんの介助で行うこと，③歯応えのあるものを食べることでした。

　食べることが何よりも好きでしたから，食べ方を指摘され食事が中断されるのを嫌がっていることもありました。「カミカミは?」の声かけに応じたり，職員の顔を見て気がついたりと，俊くん自身噛むことへの習慣がつきつつあります。今後も今までの取り組みを忘れずに続けていきましょう。

Ⅱ. 年間目標：歩行力をつけ長い距離を歩けるようになる

　移動は，歩行をし始めたばかりで，四つ這いになることも多く，体幹も弱かったので室内歩行が中心でした。園庭で歩いたり，遊具で遊ぶことに慣れてきました。また普通に出かけ，歩いたり体を使うことで，体幹が安定し歩行の改善もみられました。お母さんも日常的に公園に連れ出したり，登降園の駅までの往復を歩かせてきました。日々の努力が実って，今では1時間くらいの散歩コースは，がんばって歩けるように歩行力がついてきました。

Ⅲ. 年間目標：簡単な指示に従えるようになる

　朝の仕度で連絡帳を入れようね，タオルをかけようね，等の声かけをしながら，お母さんと一緒に取り組んできました。最初は一緒に行動し，少しずつ1人でできる部分は1人でできるようにしてきました。今では，連絡帳はもちろんのこと「椅子の片づけ」「靴を出して」「ゴミポイ」などの指示に従い行動できます。

　こうして保育園の入園にあたり3つの年間目標を出されながら，親子通園を卒業しました。保育園以降，2つの目標は達成できましたが，1つ目の目標は簡単ではありませんでした。おとなになっても，なかなか噛むという習慣をつけるのは難しいと実感しています。

4. 小中学生

　小学校は特別支援学級を選択しました。姉たちが通学していた小学校にとの思いで過ごしていましたが，息子はことばを発する力が弱く「はい」「いや」「やめて」と伝えることができませんでした。トイレに行きたいことをことばで伝えることができないことは通常

学級に通学させることが難しいと判断した一番の理由でした。ちょうど私が
PTAの役員をやっていたので学校には俊昭もよく一緒に行っていて校長先生
もよく息子の様子を見てくださっていました。それなのでわが子の様子をよく
知ってくださっている校長先生の判断もあり，支援学級を選びました。

　支援級には新入生男子5名，ダウン症は俊昭1人でした。楽しく学校生活を
送っていました。3年生の時に引っ越したため通学路が変更になり，1人通学
ができるまでに1年近くかかりました。片道40分歩いての通学は体づくりに
は大きな役割を果たしたと思っています。5年生になると，「○○君（自閉症の
男の子）は俊昭君の言うことはなぜか聞くんです（ことばでの指示ではありませ
ん）」と担任の先生がおっしゃっていました。気が合ったのでしょう，おとな
になった今でも，駅などでたまに会うとお互いに顔を見てはニヤッとして，話
をするわけでもないのですが，不思議なよい関係だと思います。

　中学になると通学時間は15分となり，短くはなりましたが運動量はすごく
増えました。週3日ほど朝に5分間走があり，まじめに取り組んでいましたが，
2年生になると走ったふりをするのが上手になりました。歩いてしまって叱ら
れることもあったようですが，そのあたりは案外要領よく対応していたようで
す。短距離は結構速く，連合運動会（区内にある特別支援学校の連合の運動会）
では1番で走り抜けました。それには周りのお母さんたちが大きな声で応援し
てくれたことが彼の大きな力になり，走り抜くことができたと思います。本当
にうれしい思いを私に運んでくれました。期待に応えてくれるそんな中学時代
を過ごしました。

　また，バスケットボールを始めたのも中1でした。知的障害児が5人いれば
区の助成金が下りるという制度を利用して，同級生のお母さんとバスケット
チームを作り，余暇活動として月に2〜3回練習を行いました。この活動は
20年間続き，小学生からおとなまで多くのメンバーが参加してくれました。
練習会場の確保が難しくなり，残念ながら今は休眠状態です。バスケットは
シュートやパスをする時に腕を上げるので，ダウン症の人たちに苦手な動きを
させてくれるだけでなく，仲間と楽しく運動ができる時間だったと思います。

俊昭が20歳で不調になった時もバスケには，毎回とはいきませんでしたが，時々は参加してみんなと一緒の時間を過ごすことで何らかの力になっていたと思っています。

5. 高等部初めての電車通学

俊昭は高校になってますます話すことをやめてしまったようでした（私たち家族の前だけだったかもしれません）。でもなぜか中学から友人のA君は「清ちゃんはこうしたいって言ってるよ」と伝えてくれました。高校生活，その友人たちと通学時間を，同じ電車に乗って，たった2駅を友だちと一緒に帰ってきたい気持ちがとても強く，部活参加者以外下校しなくてはいけないのですが，校舎内でみんなの部活終わりを待っていて先生に「待っていないで帰りなさい」と叱られ，それでも一緒に帰りたい時は駅のホームのベンチで待つということにしたらしく，その話を先生から伝えられた時は叱るというより，高校生してるなーと仲間って本当に必要なんだとうれしく感じたものでした。

高等部の2年間，人と会話ができない俊昭が作業班，清掃班でリーダーを務めました。どんな風に関わっているのか先生に聞いても明確に説明できないけれど，とにかくうまく班を動かしていたそうです。そんな能力が隠されている，子どもの力はどこで発揮できるか分からない可能性をもっている，見出してくれる人がいればいくらでも伸びる。ダウン症児はそんな可能性を秘めた子どもたちだと思っています。

6. 卒業後のこと

2006年春，特別支援学校を卒業。4月から区立の作業所（就労継続支援B型の事業所）に通所しました。ここは立ち作業が多い職場です。休憩時間とお昼休み以外は立ったままでの作業をしています。最初にやったのは「たたみ」と

たたみ包装し搬出するという作業です。目を見張るほどにきれいに仕上げていく様子に，はじめて見学した時は驚かされました。息子も最初はミスもあったようですが，半年くらいたった頃からは検品なしの正確な作業ができるようになり，それなりの仕事を任されるまでになりいきいきと通所していました。作業を行いながら，19～20歳は就労を目指して，履歴書を書く，面接の練習，企業実習と挑んでいましたがなかなか形にはなりませんでした。

7. 就労後2年が経って

　20歳を迎えた頃，俊昭は絶不調を来しました。原因の1つは姉の1人が結婚して家を出ていったことかと思っています。結婚式の1か月後，ある日突然，昨日までの俊昭とは別人のようになってしまいました。

　それからの4か月間自宅で過ごす日々が続きました。音楽も聞かない，テレビも見ない，大好きだったゲームも一切やらない，時々硬直したように立ち尽くしている。家族も驚きとショックで，どうなることか，いつまで続くのか心配しました。ただ私はJDS（日本ダウン症協会）での成人期のための勉強会に

本人が描いた絵を表紙にしたメモ帳で，作業所の自主製品として販売されたものです。

参加していたおかげで少しだけ知識があり，俊昭の心中を振り返ることができました。今まで親が敷いたレールを反抗することもなく歩いてきたが，何か違うと思い，はじめて起こした無言の抵抗ではないか。そこで私は息子との距離感を考えながら，日々の暮らしを改めることにしました。彼が「20歳」ということを忘れない。「子ども扱いをしない」「いくらゆっくりでも自分ですることを待つ」「余計なことを言わない」「誘導するようなことはしない・言わない」「できるだけ多くの選択肢を提示する」これを根気よく続けまし

た。今も続けています。その結果少し回復し通所できるようになりましたが，通所しても何もしない日もありました。スマホを作業室に持ち込むなど区切りがつかず，休憩時間から作業時間への場面転換がスムーズにいかなかったこともありました。この時はスマホを持ち込むのを止めるのではなく籠を用意し，作業室に入ったらそこに置き「仕事中は触らない」とルール化するなど，職員の丁寧な対応のおかげで，時間はかかったがルールを理解し守ることができるようになりました。

10年近く同じようなことが繰り返し起きましたが，本人の気持ちを大切にしてもらい，その時の状態に合った対応をしてもらいました。1年前（33歳の頃）までは更衣室から作業室に入れない時期が長く続きました。この時も職員からの声かけ，作業は本人の興味関心があるものから取り組ませてもらい，いろいろな職員との関係をもつことで改善していくことができました。

毎日の日課

7時頃に起床，7時30分には身支度を整えて，リビングへ。朝食はゆっくりと食べ，コーヒーを飲み，毎日の薬を飲み，持ち物を確認し8時になると家を出ます。通所先には30分かけて歩いて通っています。作業着への着替えを済ませ9時前にタイムカードを押し作業を開始します。

作業所での作業の中には，ミスが許されないものもあります。1つの作業は少し高価なボールペンのペン先にメッキ加工を行う前の作業で，指紋が残ってはいけないので白手袋をして部品を差し込むという作業です。手先を使う作業ですがそれなりにこなしているようです。4時で退所なので，いつも4時30分には帰宅します。

息子は堂本光一が大好きで，休日はYouTubeチャンネルでいつも動画や曲を流し，楽しんでいます。ゲームも大好きでクリアできるまで，何度

も何度もトライしています。YouTube で攻略の仕方を確認しながら進めているようです。

　このように34歳になった俊昭は日々を楽しんでいるようです。

　工賃を持って帰ると財布に千円札が2～3枚あるのを確認し，小銭は財布にしまう。家族が帰るのを待って見せる。がんばったことをみんなにほめてもらうことが，彼の「働く」を支えていると感じています。働くことが本当に好きなようです。このような何気ない日々が幸せだと思う今日この頃です。

8章

身体運動の育ちを把握するための アセスメント票

橋本創一

1. アセスメント票の使い方

　ダウン症のある子どもの「身体運動」の発達には，個人差が大きく認められます。また，これまでの研究でいわれているのが，0歳から2歳までの乳児期において，筋緊張低下による影響から，姿勢転換や立つ・歩く等の粗大運動に遅れが著しい子どもが多いとされています。低身長や平衡機能の苦手さがある子どもが多く，全体的に身体運動は不得意とされてきました。しかし，近年では，平均身長も伸びており，幼少期からの運動やスポーツ等の経験から，運動が好きで得意とするダウン症のある人も増えています。特に，音楽リズムを好み，ダンスがうまい人も少なくありません。興味・関心を育てながら，その子どもの身体運動の特性や個人の運動発達の状況に合った運動・スポーツ経験を提供することがポイントであると考えられます。

　ダウン症のある子どもの運動発達は，標準的な運動発達と比較すると，おおむね，健康な子どもと同じ道筋をたどることが多いとされています。しかし，中にはその順序を飛び越して獲得したり，次に期待される運動の発達に到達するまでに時間がかかったりする子どもも少なくありません。親や担当する先生

等のおとなは，客観的に，何が獲得されていて，どんなことは難しいのかを見極める必要があります。

　そこで，身体運動に関するスキル獲得状況を把握するアセスメント票を作成しました。以下のアセスメント票にて，「〔○〕できる／〔△〕時々できる・もう少しでできそう／〔×〕できない・無理である」のチェックをしてみてください。そして，〔○〕とされた項目は，子どもはすでに獲得したものと判断して，そのスキルを用いた生活をますます展開してあげましょう。〔△〕〔×〕とされた項目は，子どもがまだ十分に獲得されていないものと判断して，そのスキルを生活や遊びの場面等を通して経験させたり練習させたりしてみましょう。なお，アセスメント票には目安となる年齢が示されています。これは，ダウン症のある子どもを調査したさまざまな研究や資料等から，ダウン症児が獲得する平均的な時期を示しています。発達の早い子どもは，当該の目安年齢よりも早く獲得します。一方，発達がゆっくりな子どもは，目安の年齢よりも後になって獲得します。したがって，個人差がありますので，対象とする子どもに応じて調整してください。また，障害のない健康な子どもの標準的な発達年齢とは異なりますのでご注意下さい。

　〔△〕〔×〕とされた項目の番号に対応した9章にあるプログラムに取り組んでみましょう。また，必ずしもプログラムをそのまま実践するのではなく，子どもの実態や生活環境等に応じて，工夫・修正・教材等を変更して取り組めるとよいと思います。

ダウン症児の「身体運動」を育てるためのアセスメント票

ダウン症のある 子どもの目安年齢	番号	項　目 〔筋力（S）／平衡性（B）／協調性（C）／巧緻性 （O）〕	領域／ 目標機能	評価 ○ △ ×
Ⅰ段階（0-1歳）	3-Ⅰ-1	あお向けで頭を左右に動かす	S	
	3-Ⅰ-2	うつ伏せで頭を持ち上げる	S	
	3-Ⅰ-3	寝返りをする	B	
	3-Ⅰ-4	あお向けから1人で座位になる	S	
	3-Ⅰ-5	お腹をつけてハイハイする	S	
	3-Ⅰ-6	座位の姿勢を1分以上保持する	B	
	3-Ⅰ-7	四つ這いや高這いで進む	S	
	3-Ⅰ-8	ハイハイで床や坂を移動する	S	
	3-Ⅰ-9	高い高いの遊びを楽しむ	B	
	3-Ⅰ-10	ハイハイの姿勢で片手を伸ばして玩具を取る	C	
	3-Ⅰ-11	抱っこされて支えられると足踏みをする	S	
	3-Ⅰ-12	バランスボールやロールマットに支持されて座ることができる	B	
	3-Ⅰ-13	転がるボールをハイハイで追って行って拾う	C	
	3-Ⅰ-14	つかまって立っている	S	
Ⅱ段階（2歳）	3-Ⅱ-15	しゃがんだ状態から立ち上がる	S	
	3-Ⅱ-16	人や物につかまってつたい歩くことができる	B	
	3-Ⅱ-17	膝の高さの台に座ったり，立ち上がったりすることができる	B	
	3-Ⅱ-18	水遊びでコップに水をすくって遊ぶ	O	
	3-Ⅱ-19	しゃがんで床の玩具を取る	C	
	3-Ⅱ-20	支えられて歩く	S	
	3-Ⅱ-21	1人で歩く	B	
	3-Ⅱ-22	リズムをとって体を動かす（手足や体幹などを動かす）	C	
	3-Ⅱ-23	ボールを両手で上から，または下から投げられる	C	
	3-Ⅱ-24	後ろ歩きをする	B	
	3-Ⅱ-25	ボールを蹴る	C	
	3-Ⅱ-26	段差をハイハイで登る	B	

II段階（2歳）	3- II -27	三輪車をキックで進める	C	
	3- III -28	テーブルの上をふきんで拭く	O	
	3- III -29	ぶら下がる	S	
	3- III -30	坂を後ろ向きに上る	B	
	3- III -31	大きな荷物を持って運ぶ	S	
	3- III -32	200mほど歩ける	S	
	3- III -33	転ばずに走る	C	
	3- III -34	しゃがんだまま歩く	B	
	3- III -35	支えてもらって階段の上り下りをする	B	
	3- III -36	手をつないで走る	C	
III段階（3-4歳）	3- III -37	合図に合わせて動く	C	
	3- III -38	立ったままでぐるっと回ることができる	C	
	3- III -39	大きな積み木を運ぶ・積む	C	
	3- III -40	ボールを片手で投げる	C	
	3- III -41	洗濯ばさみを使って遊べる（まとめてはさむ，印のところにはさむ）	O	
	3- III -42	洗濯物（ズボンやシャツ）をたたむ	O	
	3- III -43	木琴・鉄琴を打ち鳴らして規則的な音を鳴らす	O	
	3- III -44	両足ジャンプをしよう	C	
	3- III -45	すべり台に上る・滑る	C	
	3- IV -46	20 ～ 30m先のゴールまで走る	S	
	3- IV -47	階段を上る・下りる	B	
	3- IV -48	平均台をわたる	B	
	3- IV -49	両手を床につき体を支え，足首を持ってもらった姿勢（手押し車）で前進する	S	
	3- IV -50	片足立ちができる（2秒以上）	B	
IV段階（5-6歳）	3- IV -51	おとなの手本を見ながら簡単な動作（両手の上げ下げ，その場足踏み等）を模倣することができる（単一動作の模倣）	C	
	3- IV -52	音楽に合わせて，走る，止まる，高這い，寝返り等の簡単な動作ができる	C	
	3- IV -53	ブランコをこいで遊ぶことができる	B	
	3- IV -54	ドミノを倒さないようにたくさん並べることができる	O	
	3- IV -55	はさみを使って1cm幅の紙を切ることができる	O	
	3- IV -56	魚釣りゲームで遊ぶ	O	

IV段階（5-6歳）	3-IV-57	フラフープや紐等で引っ張りっこをすることができる	C	
	3-IV-58	三輪車や補助付きの自転車に乗る	C	
	3-IV-59	かけっこでリレー遊び（バトンを手渡す）ができる	C	
	3-IV-60	片足ケンケンができる	B	
V段階（7-9歳）	3-V-61	注視や追視がスムーズにできる	O	
	3-V-62	触った感触で弁別できる	C	
	3-V-63	においで弁別できる	C	
	3-V-64	物の位置や空間関係，距離などを理解できる（目隠しで簡単な作業をする等）	C	
	3-V-65	粘土で小さいボールをつくる	O	
	3-V-66	ぞうきんやタオルをゆすいで絞れる	O	
	3-V-67	紐を結んだり丁寧にほどいたりできる（かた結び等）	O	
	3-V-68	おとなの手本を見ながら簡単な体操を模倣することができる	C	
	3-V-69	スキップをする	C	
	3-V-70	転がってきたボールを手や足で止めることができる	C	
	3-V-71	弾むボールや，上から落ちてくるボールを両手でキャッチすることができる	C	
	3-V-72	肋木やジャングルジムの登り下りができる	C	
	3-V-73	正しいフォームで持続して走り続けることができる	S	
	3-V-74	動物の動き（クマ，カニ，ゾウなどの歩き方や動き）をまねして遊ぶ	C	
VI段階（10歳以降）	3-VI-75	平均台の上をいろいろな歩き方で移動することができる	B	
	3-VI-76	目を開けて片足立ちが10秒以上できる	B	
	3-VI-77	木の棒に紐やテープをきれいに巻ける	O	
	3-VI-78	コップにお茶やジュースを適量注ぐ	O	
	3-VI-79	ドライバーを使ってねじをはめたり外したりする	O	
	3-VI-80	バットやラケット等で風船やボールを打つことができる	C	
	3-VI-81	ボール等を足で操作して運ぶことができる	C	
	3-VI-82	30～50mのコースをゴールまで全力で走る	S	

VI段階 （10歳以降）	3- VI -83	指示や合図に従っていろいろな方向や位置に向けて走ることができる	C	
	3- VI -84	障害物をまたいだり飛び越えて走ったりすることができる	C	
	3- VI -85	マットに背中や腹などをつけていろいろな方向に転がる	C	
	3- VI -86	登り棒等の固定施設等で登り下りができる	C	
	3- VI -87	大縄跳びをする	C	

注1）目安の年齢とはダウン症のある子どもが獲得する平均的な時期を示している。健康な子どもの標準的な
発達年齢とは異なる。

注2）領域は，筋力（S）／平衡性（B）／協調性（C）／巧緻性（O）。

注3）評価は，○できる／△時々できる・もう少しでできそう／×できない・無理である，を記入する。

9章

身体運動と健康を育てるための支援プログラム

橋本創一

1. 支援プログラムの構成

　本書では，ダウン症のある子どもの発達を促す「身体運動を育てるプログラム」全87項目を4つの領域に分類しています。『筋力（muscle Strength：S）』『平衡性（Balance：B）』『協調性（Cooperation：C）』『巧緻性（Occupation：O）』です。いわゆる，身体の筋力を働かせて，バランスを保って，いくつかの身体部位を協調させて，手指先の巧緻性を使う，等といった行動です。身体運動に関する生活や遊びの中における行為は，こうした4つの領域が必ずしも単一的に用いられているわけではありません。つまり，こうした4つの領域のさまざまなスキルが，組み合わさったり総合的・包括的に実行されています。本書のプログラムは，4つの領域を各々に示していますが，あくまでも，その行為・行動における最も重視・優先されるだろうスキルの領域を提示しています。いわば，そのプログラムにおける目標とするスキル・機能の領域と考えてください。

　そして，対象とされる子どもの年齢段階（生活年齢）を「Ⅰ段階：0−1歳」「Ⅱ段階：2歳」「Ⅲ段階：3−4歳」「Ⅳ段階：5−0歳」「Ⅴ段階：7−0歳」

「Ⅵ段階：10歳以降」の6つの段階に分類しています。Ⅰ段階14項目，Ⅱ段階13項目，Ⅲ段階18項目，Ⅳ段階15項目，Ⅴ段階14項目，Ⅵ段階13項目です。

「筋力（S）」は，体力において重要な要因の1つであり，あらゆる身体運動の原動力となります。その筋力を育てる領域は，9章の支援プログラムには，全部で17項目あり，身体運動のプログラムの中で20%を占めています。年齢段階ごとにみると，Ⅰ段階8項目，Ⅱ段階2項目，Ⅲ段階3項目，Ⅳ段階2項目，Ⅴ段階1項目，Ⅵ段階1項目です。

「平衡性（B）」は，身体の姿勢を保つためにバランスをとったり調整する力を育てる領域です。9章の支援プログラムには，全部で19項目あり，身体運動のプログラムの中で22%を占めています。年齢段階ごとにみると，Ⅰ段階4項目，Ⅱ段階5項目，Ⅲ段階3項目，Ⅳ段階5項目，Ⅵ段階2項目です。

「協調性（C）」は，目と手，手と足等の別々に動く身体機能を協調させて動かす運動であり，たとえば，縄飛びやスキップ，ボールをドリブルする等です。こうした体の部位を協調して運動する力を育てる領域です。9章の支援プログラムには，全部で36項目あり，身体運動のプログラムの中で最も多い41%を占めています。年齢段階ごとにみると，Ⅰ段階2項目，Ⅱ段階5項目，Ⅲ段階8項目，Ⅳ段階5項目，Ⅴ段階9項目，Ⅵ段階7項目です。

「巧緻性（O）」は，手先や指先を使う力を育てる領域です。9章の支援プログラムには，全部で15項目あり，身体運動のプログラムの中で17%を占めています。年齢段階ごとにみると，Ⅱ段階1項目，Ⅲ段階4項目，Ⅳ段階3項目，Ⅴ段階4項目，Ⅵ段階3項目です。

【I段階：S領域】

3-I-1　あお向けで頭を左右に動かす

個別療育／指導

ねらい

あお向けに寝た状態で，右にも左にも頭を動かすことができるようになる。

教材・場面

ガラガラなどの音が出るおもちゃ・光るおもちゃなど。

床や畳の上にタオルを敷き，十分なスペースを用意する。

方法・工夫

(1) 床や畳の上のような固い場所にバスタオルを敷いて，あお向けに寝かせる。

(2) 頭の右側でおもちゃを振って見せる。

(3) はじめは，子どもの頭に手を添え，おもちゃを見るよう援助する。

(4) 左右どちらにも頭を動かせるように練習させる。

≪ダウン症っ子チャレンジポイント≫

音が鳴ったり，光ったりするおもちゃへの反応が弱いこともありますが，根気強く続けましょう。また，おもちゃを見せる位置を変えるなどの工夫をするとよいかもしれません。

おもちゃを振りながら声かけをしたり，頭を動かすことができたらほめてあげたりするなど，楽しい雰囲気で進めましょう。

3-I-2　うつ伏せで頭を持ち上げる

個別療育／指導

ねらい

うつ伏せの状態で，頭や胸を持ち上げることができるようになる。

教材・場面

鏡や音の出るおもちゃ・絵本など，子どもの興味を引くもの，小さな枕。

床や畳のような固い場所。

方法・工夫

(1) 子どもの両手を組ませ，うつ伏せに寝かせる。肩の下に肘がくるようにし，肘が開かないようにする。

(2) 興味を引くものを，子どもの目の前に置いて声をかける。はじめは顎を少し持ち上げて援助する。

(3) 子どもの胸の下に小さな枕を置き，おもちゃなどを使って頭を持ち上げるよう促す。長く持ち上げていられるようになったら，枕を取り除く。

(4) 自分で頭を上げ，両手で体を支えられるようになったら，床に対して90度の角度まで頭を持ち上げるよう励ます。

≪ダウン症っ子チャレンジポイント≫

短い時間から始めて，少しずつうつ伏せができる時間を増やしましょう。

お尻や脚が浮いてしまう場合はお尻を押さえましょう。

うつ伏せになるとおとなの姿が見えなくなり，不安になる子もいますので，声をかけながら進めましょう。

【I段階：B領域】

3-I-3　寝返りをする

個別療育／指導

ねらい

あお向け（仰臥位）からうつ伏せ（腹臥位）に寝返りをすることができるようになる。

教材・場面

タオルケットなどを敷いた床の上にあお向けで取り組む。

方法・工夫

(1) ガラガラ等，音の出るおもちゃで注意を引き，子どもの顔を回らせたい方に向ける。

(2) 回らせたい向きと反対側の足で床を蹴って上半身を回りたい方にねじりながら回れるようにする。

※床を蹴ることが難しい子どもには，反対側の足を押し上げ，足を交差するような形にする。

(3) 子どもが頭を持ち上げて体の下にある腕を抜く。

※腕を抜くことが難しい子どもには，おもちゃを頭上で見せて頭を上げられるようにする。

≪ダウン症っ子チャレンジポイント≫

・おもちゃに反応して，顔を向けることができる。

・回る向きと反対側の足で床を蹴ることができる。

・うつ伏せになった時に寝返りした向きの腕を抜くことができる。

3-I-4　あお向けから1人で座位になる

個別療育／指導

ねらい

あお向けに寝た状態から体を押し上げて，1人で座位になることができるようになる。

教材・場面

子どもの好きなおもちゃ。
床や畳のような固い場所。

方法・工夫

(1) 子どもをあお向けに寝かせる。

(2) 頭を持ち上げるよう，おもちゃなどを見せて誘う。

(3) 右（左）の肩を床から離して体を左（右）にひねるよう励ます。

(4) 子どもの右（左）腕を持って斜め前に体を引き起こす（左または右の手をついて体を支える姿勢になる。またこの時，腰を軽く押さえると起き上がりやすい）。

(5) (4) の位置から自分の手を使って体を押し上げ，1人で座位になるよう援助する。

≪ダウン症っ子チャレンジポイント≫

筋緊張の低さから，あお向けから両脚を広げて座位になる子どももいます。励ましながら，左右への重心移動や体幹を左右に回旋させる運動を経験させましょう。

【I段階：S領域】

3-I-5　お腹をつけてハイハイする

個別療育／指導

ねらい
お腹をつけたまま腕や脚の力で前後左右に進むことができるようになる。

教材・場面
子どもの興味を引くもの（お気に入りのおもちゃ・音が鳴ったり，光ったりするおもちゃなど）。
固い床や畳の上で，安全を確保（危険物を片づけるなど）しながら取り組む。

方法・工夫
(1) 腹ばいの状態にさせ，子どもの手がぎりぎり届かない場所に，子どもの興味を引くものを置き，それを取るように促す（もしくは，目線の先におとなが待っている状態で，子どもへ呼びかけるのもよい）。

(2) おとながまねを見せてあげたり，赤ちゃんの足の裏に手のひらを置いて，蹴りの支えを作ったりして援助する（前へ押してあげるのもよい）。

≪ダウン症っ子チャレンジポイント≫
声かけをしながら楽しい雰囲気で進めましょう。疲れていたり，機嫌が優れなかったりする時には無理をせず，子どものペースに合わせながら練習をしましょう。
腕や背中の力がついてくると，前進を始める前に，後ずさりを始めるかもしれませんが，まずは動く楽しさを知ってもらいましょう。お腹や腕の力が強くなると，前進することもできるようになります。

3-I-6　座位の姿勢を1分以上保持する

個別療育／指導

ねらい

支えのない座位の姿勢で，1分以上自分の体を保持することができるようになる。

教材・場面

タオルケットなどを敷いた床の上で取り組む。

※柔らかい布団などの上では，体が沈んでしまい動くことが難しいため，避けるようにする。

方法・工夫

(1) 子どもの体を前傾させ，膝よりも外側の床面に手をついて体を支えられるようにする。

(2) おもちゃなどで注意を引き，顔を上にあげさせる。

(3) 手を床についた状態での座位が安定してきたら，子どもの両手を持ち上げ，支えがない状態にしてからゆっくりと手を放していく。

※すぐに前に倒れてしまう子どもには，後ろから腰や骨盤を支えるとよい。

≪ダウン症っ子チャレンジポイント≫

・手を床についた状態で，体を支えることができる。

・手を床についた状態で，顔を上げることができる。

・手を床につかず，体幹だけで体を支えることができる。

【I段階：S領域】

3-I-7　四つ這いや高這いで進む

個別療育／指導

ねらい

両手と両膝で体を支える四つ這いで進む。できるように
なったら，両手と両足で進む高這いへ移行する。

教材・場面

子どもの興味を引くもの（おもちゃなど）。

方法・工夫

(1) お腹をつけてずり這いができる場合は，うつ伏せで膝を床につける姿勢
　　にし，両手と両膝で体を支える四つ這いの姿勢を保てるよう援助する。

(2) 四つ這いの姿勢で体重を支えきれない場合は，お腹を支えるなど体の重
　　みを除くように支援する。

(3) 進む方向に子どもの興味を引くものを用意し，両手と両膝で進むよう励
　　ます。はじめは子どものお腹の下に腕を入れて，支えて上にあげながら
　　行う。

(4) できるようになったら，両膝をつかずに，両手と両足で進む高這いに移
　　行するように誘う。

≪ダウン症っ子チャレンジポイント≫

練習の前に，準備体操としてバランスボールの上で座位やあお向けの姿勢を
とり，骨盤を支えながら軽く揺らすなどして，筋緊張を高めることも有効です。
　負荷がかかりすぎないように様子を見ながら，また声かけなどをしながら楽
しく進めましょう。

3-I-8　ハイハイで床や坂を移動する

個別療育／指導

ねらい

四つ這いで平らな床や不安定な床面，なだらかな斜面を移動することができるようになる。

教材・場面

タオルケットなどを敷いた床の上で取り組む。

平らな床で安定して四つ這いができるようになってきたら，布団の上や布団を重ねて作った坂道など不安定な床面で取り組む。

方法・工夫

(1) 四つ這いの姿勢にする。

※体重移動がしやすいように，床につく手と膝の間を狭くする。

(2) 前に倒れないように注意しながら，ゆっくりとお尻を押していき前方に手が出るように促す。

※ずり這いになってしまう場合は，腰を軽く支えるとよい。

≪ダウン症っ子チャレンジポイント≫

・手の平を開いて床に手をついている。

・四つ這いの体勢をとった時にお尻が上がっている。

・床を足でしっかりと蹴って進んでいる。

【Ⅰ段階：Ｂ領域】

3-Ⅰ-9 高い高い遊びを楽しむ

個別療育／指導

ねらい

高い高いを楽しんで，バランス感覚を養うことができるようになる。

教材・場面

十分に高さのある場所。

方法・工夫

(1) おとなが子どもの両脇に両手を入れて，しっかりと抱える。

(2) 「たかいたかーい」と言いながら，子どもの頭を揺さぶらないように ゆっくりと，体を持ち上げる。

(3) ゆっくりと胸のあたりまで戻す。

≪ダウン症っ子チャレンジポイント≫

平衡感覚の悪さから，高いところやバランスが必要な運動に苦手意識をもつ子もいるでしょう。怖がったり，嫌がったりするお子さんもいるかもしれません。高い高いは，自然に平衡感覚を養える遊びです。安心して取り組めるように，安心できる高さなどから少しずつ，楽しく遊びましょう。はじめはおとながソファに座ったまま持ち上げるなど，徐々に高さに慣らしていくとよいかもしれません。

また，頭を揺さぶらないよう，優しくゆっくり行いましょう。

3-I-10　ハイハイの姿勢で片手を伸ばして玩具を取る

個別療育／指導

ねらい

片手で体を支えながら，手を伸ばし，おもちゃを取ることができるようになる。

教材・場面

子どもの興味を引くもの（おもちゃなど）。

方法・工夫

(1) ハイハイの姿勢にさせ，子どもの興味を引くもの（おもちゃなど）を見せる。

(2) おとなが声かけをして，おもちゃ（など）を取るように促す。

(3) はじめは，手の届くところにおもちゃ（など）を置き，少しずつ距離を離していく。

≪ダウン症っ子チャレンジポイント≫

習得がゆっくりな子もいるかもしれません。たくさん声かけをして励ましたり，子どもの興味を引くものを用意したりすることで，子どもの意欲を高め，自発的に体を動かすよう促しましょう。

【I段階：S領域】

3-I-11　抱っこされて支えられると足踏みをする

個別療育／指導

ねらい

胸のところで支えられながら，膝を曲げることができるようになる。

方法・工夫

(1) 子どもの胸のところを支えながら，床の上でおとなと向き合うように立たせる。

(2) (1) ができるようになったら，子どもの手を持ちながら，おとなと向き合うように立たせる。

(3) (2) ができるようになったら，おとなが後ろから胸のところを両手でつかみ，支える。少しだけ左右に倒し，膝を曲げる練習をする。

※ (1)，(2) ではおとなと対面して取り組む。(3) ではおとなが後ろから支えながら取り組む。

≪ダウン症っ子チャレンジポイント≫

筋緊張の低さとバランス能力の低さから，歩行に不安や苦手意識を抱く子どももいるでしょう。安心して挑戦できるよう，まずは数秒程度の短い時間でもほめてあげましょう。また支えが減ったり，ねらいとする姿勢を保つ時間が伸びたりした時にも，たくさんほめて子どもの意欲を高めましょう。

3-Ⅰ-12　バランスボールやロールマットに支持されて座ることができる

個別療育／指導

ねらい

不安定な場所の上で，支えてもらいながらバランスをとって座ることができるようになる。

教材・場面

バランスボール，ロールマット。

不必要なもののない広い場所で行う。

方法・工夫

(1) 子どもの脇の下から抱きかかえ，バランスボールの上に座らせ，そのまま子どもを支える。

(2) バランスをとることに慣れてきたら，子どもを支える位置を腰や骨盤など低くする。

※バランスをとりづらい場所に恐怖心を抱く子どもも多いため，慣れるまではお互いの顔が見えるように対面で行うとよい。

※バランスをとることが難しい子どもには，バランスボールの空気を完全に入れず，8割程度の状態で行う。

≪ダウン症っ子チャレンジポイント≫

・上半身がぐらつかずに安定している。

・体勢が崩れた時に上半身を動かしてバランスをとろうとする。

【I段階：C領域】

3-I-13　転がるボールをハイハイで追って行って拾う

個別療育／指導

ねらい

転がるボールを追いかけて拾うことができるようになる。

教材・場面

10cm 程度の両手で持てるボール。

不要なものがない広い場所でおとなと対面で行う。

方法・工夫

(1) ボールを転がすやりとり遊びを行い，ボールに興味を示すように促す。

(2) 子どもから少し離れた場所にボールを転がしてボールを取りに行くように促す。

※転がるボールに興味を示さない子どもには，「ボール取って」と声かけや指さしで取りに行くように促す。

≪ダウン症っ子チャレンジポイント≫

・転がるボールに対して直線的に追いかけることができる。

・床に座った状態でボールを取ることができる。

3-I-14　つかまって立っている

個別療育／指導

ねらい

物や人につかまりながら，立ちの状態をキープすることができるようになる。

教材・場面

子どもの興味を引くもの。

安全対策をした部屋で取り組む。

方法・工夫

(1) 子どもの腰くらいの高さ（子どもから少し遠い場所）に，子どもの興味を
　　引くものを置き，立ちの状態をキープできるよう励ます。

(2) おとなと手をつないで立ちの状態をキープできるよう励ます。

≪ダウン症っ子チャレンジポイント≫

　バランス能力の低さもあり，つかまり立ちをし始めた頃はバランスを崩して
転倒する危険性があります。頭を打たないように十分に注意したり，転んだ時
に頭をぶつけないようにリュック型のクッションを使ったり，テーブルなどに
コーナーガードなどを設置したりするなどの工夫をしましょう。

　すぐにうまくいかなくても焦らずに，1人1人の子
どもに合わせて興味を引くものを用意したり，不安定
なところをサポートしたりしながら，本人のやる気や
自発的に立とうとする意欲を高めましょう。子どもが
自然と練習したくなるように，おもちゃなどを使いな
がら，遊びの中で練習させるのもよいでしょう。

【Ⅱ段階：Ｓ領域】

3-Ⅱ-15 しゃがんだ状態から立ち上がる

個別療育／指導

ねらい

しゃがんだ状態から立ち上がることができるようになる。

教材・場面

子どもの好きなもの・興味を引くもの。

方法・工夫

(1) しゃがんだ状態の子どもよりも高い位置で，おもちゃなどを見せる。

(2) 声かけをして励ましながら，軽く腰を持ち上げて援助する。

(3) 高這いの状態からお尻と肩を支えながら，その場で立ち上がらせるのも
よい。

※しゃがんだ状態から，おとなの手やソファなどを支えにつかまり立ちを始
める子どももいる。

≪ダウン症っ子チャレンジポイント≫

子どもの興味を引くものを使うなどの工夫をしながら，楽しく練習をしま
しょう。自発的に身体を動かそうとしたり，意欲的
に取り組めるよう，たくさん声かけを行ったり，不
安定なところをサポートしたりしましょう。

3-Ⅱ-16　人や物につかまってつたい歩くことができる

個別療育／指導

ねらい
支えのある状態で両足を交互に前に出して歩くことができるようになる。

教材・場面
手押し車（重りになるものを入れておき，つかまっても安定するようにする）
床面が安定した広い場所で行う。

方法・工夫
(1) 子どもと対面して立ち，両手をつなぐ。おとながゆっくりと下がり，歩くように促す。

※つなぐ手の高さは子どもの目線から取り組み，歩行が安定してきたら次第に胸の高さまで下げていく。

(2) おとなと両手をつないでの歩行が安定してきたら，手押し車を押して歩くように促す。

※取り組みはじめは手押し車の速度調節が難しいため，見守りが必要。

≪ダウン症っ子チャレンジポイント≫
・一定のテンポで足を交互に出すことができる。
・両腕に力を入れずに進むことができる。

【Ⅱ段階：B領域】

3-Ⅱ-17　膝の高さの台に座ったり，
立ち上がったりすることができる

個別療育／指導

ねらい

膝の高さの台に座ったり，そこから立ち上がったりすることができるように
なる。

教材・場面

幼児椅子や踏み台など子どもの膝程度の高さの安定した台。

方法・工夫

(1) 座面をトントンと軽く叩いて「座ろうね」と声かけをする。

(2) 椅子や台に座った子どもに1m程度離れた所からおもちゃを提示したり，
　　「おいで」と声かけをして立つように促す。

※スムーズに立ち上がることが難しい子どもには，手すりのある幼児椅子か
　ら始めるとよい。

※自力で取り組むことが難しい子どもには，片手つなぎで行うとよい。

≪ダウン症っ子チャレンジポイント≫

・座面の位置を触って確認した後に座ることができる。

・どこにもつかまらずに立ち上がることができる。

3-Ⅱ-18　水遊びでコップに水をすくって遊ぶ

個別療育／指導

ねらい

コップを持って，水をすくうことができるようになる。

教材・場面

プラスチックのコップ，水。

方法・工夫

(1) おとながコップで水をすくう見本を見せる。

(2) 子どもにコップを持たせて，水をすくって遊ばせる。

(3) 水が水に当たる音を楽しんだり，手ですくってみたり，器から器へ移し
替えてみたりしてもよい。

≪ダウン症っ子チャレンジポイント≫

はじめは水に慣れていなかったり，抵抗があったりする子どももいるかもし
れません。おとなが見本になったり，声かけをしたりしながら楽しく進めま
しょう。自分から水に触れてみようと思ったり，自分でやってみようと思った
りする気持ちが大切です。

カラフルな（視覚的にインパクトのある）コップやお
気に入りのコップを使うと，興味をもって遊んでくれ
るかもしれません。

【II段階：C領域】

3-II-19　しゃがんで床の玩具を取る

個別療育／指導

ねらい
お尻を床につけないでしゃがむことができるようになる
（足腰の力とバランス感覚を身につける）。

場面
子どもが好きな遊びの場面で，平らな場所で取り組む。

方法・工夫
(1) 座位の状態でおとなと向き合って手を取り合い，手を引き上げてもらいお尻を少し浮かし，しゃがんだ姿勢を数秒間維持することから始める。
(2) この際，子どもが姿勢を維持できたら，楽しく取り組めるように「3，2，1，ロケット発射～！」などと，抱っこして高い高い遊びなど子どもが好む遊びに展開する。
(3) しゃがんだ姿勢が維持できるようになったら，おとなと手をつなぎ玩具がある場所に近づき，つないだ方の手を支えてもらいながらしゃがむ。
※この際，子どもが勢いよくお尻を床につけて座ろうとしたら，おとなが向き合い両手を引き，しゃがんだ姿勢を維持させた上で手を離す。
(4) 立った状態からしゃがむ姿勢が数秒維持できるようになったら，おとなの支援を減らす。

≪ダウン症っ子チャレンジポイント≫
・お尻を勢いよく床につけないでしゃがめる。
・しゃがんだ姿勢を維持できる。

3-Ⅱ-20　支えられて歩く

個別療育／指導

ねらい

おとなに支えてもらって歩くことができるようになる（歩行移動を経験する）。

場面

好きなおとなや興味のある物の近くで取り組む。

転倒しても危険のない場所を選ぶ。

方法・工夫

(1) ハイハイ移動にならないように，つかまり立ちしている時に始めるとよい。

(2) 子どもの好きなおとなの方から名前を呼んだり，支えているおとなが興味のある物を指さしたり，ことばで注目させたりする。

(3) 徐々に距離を伸ばしたり，支えを少なくしたりし，ふらついた時にバランスをとる程度にしていく。

(4) 子どもが足を交互に前に出すタイミングで，支えているおとなが「よいしょ，よいしょ」「イチ，ニ，イチ，ニ」などと言ってリズムをとってあげる。

≪ダウン症っ子チャレンジポイント≫

・左右の足を交互に前に出せる。

・足を前に出す時，足の裏を地面から浮かせられる。

【Ⅱ段階：B領域】

3-Ⅱ-21 1人で歩く

個別療育／指導

ねらい

1人で数歩バランスをとって歩くことができるようになる
（歩行移動時のバランス感覚を身につける）。

場面

子どもが好意をもっているおとなや興味のある物の
近くで取り組む。

転倒しても危険のない場所を選ぶ。

できるだけ平らな場所を選ぶ（タイルや粗目のコンクリート道路は転倒しやすい）。

方法・工夫

(1) つかまり立ちの状態や，おとなに支えてもらって歩いている場面で，徐々に支えを少なくしていくところから始める。

(2) 壁際や手すりなどの近くで始める。

(3) 室内など危険性の低い場所では，おとなは見守りに徹して，子どもがバランスを崩して近くのおとなにつかまったり，壁を支えにしたり，尻もちをつくことなどを少しずつ経験させる。

≪ダウン症っ子チャレンジポイント≫

・左右の足を交互にテンポよく前に出せる。

・転倒しそうな時に，バランスをとろうとする。

3-II-22　リズムをとって体を動かす
（手足や体幹などを動かす）

個別療育／指導

ねらい

リズムをとって体を動かす（手足や体幹などを動かす）ことができるようになる。

教材・場面

身体を自由に動かしたり走ったりできる広いスペースで行う。

方法・工夫

(1) 音楽に合わせゆったりとした動作で，胸の前で手を上下に動かしたり，ジャンプをしたり，屈伸をしたり，ハイハイをしたりする。

(2) 1つの動作を30秒程度続けさせ，「次は○○」と次の動作を指示する。

※声をかける際には動物など，子どもが動作をイメージしやすいものにする。

≪ダウン症っ子チャレンジポイント≫

・肘や膝を曲げないなど，ぎこちない動作をせずに動くことができる。

・手足を大きく動かしても体を支えることができる。

【Ⅱ段階：C領域】

3-Ⅱ-23　ボールを両手で上から，または下から投げられる

個別療育／指導

ねらい

ボールを両手で上から，または下から投げることができるようになる。

教材・場面

両手で持てる大きさのボール。

方法・工夫

(1) 立った状態で2m程度離れて対面し，上または下からボールを投げてみせ，まねをするように促す。

※投げずに歩いて渡してくる子どもには，座ってボールを転がす遊びを行ってから取り組むとよい。また子どもをフープの中に入れ，フープの外に出ないように促すとよい。

※投げる時に体のバランスが崩れる子どもには，後ろから支えてあげるとよい。

≪ダウン症っ子チャレンジポイント≫

・適切なタイミングで手からボールを離すことができる（後ろや真下にボールが飛ばないか）。

・身体のバランスを崩さずに投げることができる（身体のバランスが崩れて転んでしまう場合は，椅子に座った状態で取り組む）。

3-II-24　後ろ歩きをする

個別療育／指導

ねらい

足を後方に交互に進めて数歩歩くことができるようになる。

場面

子どもの好きな遊びの場面で取り組む。

転倒しても危険のない場所を選ぶ。

平らな場所を選ぶ。

方法・工夫

(1) テンポのよい音楽や歌に合わせて行うなど，子どもが楽しめるようにする。

(2) おとなと向き合って手を取り合い，交互に2〜3歩前後に進む遊びから始める。

(3) おとなが手をつなぎ，「よいしょ，よいしょ」などと声をかけながら一緒に数歩後ろ歩きをする。

(4) 数歩後方にテンポよく進めるようになったら，おとなは手を離して声をかけながら見守る。

(5) 子どもは後方への注意が払えないので，おとなが代わって行う。

≪ダウン症っ子チャレンジポイント≫

・怖がらずに交互に後方に足を出せる。

・足を後方に踏み出す時，バランスは崩れない。

【Ⅱ段階：C領域】

3-Ⅱ-25　ボールを蹴る

個別療育／指導

ねらい

床面にあるボールの手前に軸足を置き，もう一方の足でボールを蹴る
（立った状態で足元のボールを蹴る）ことができるようになる。

教材・場面

ゴムボール，適当な大きさのクッションサイコロなど。
転倒しても危険のない場所を選ぶ。

方法・工夫

(1) 横に立ったおとなと手をつなぎ足元前方に置かれたボールを蹴る。

(2) この際，おとなは子どもが蹴る足の方の手をつなぎ，バランスが崩れないようにする。

(3) また，手をつないだおとなはボールを蹴って見本を示したり，近距離に設置した目標（ゴール）に向けて蹴ることで，子どもに行動を促したりする。

(4) ボールの少し手前に立つことを理解し，蹴る時のバランスが維持できるようになったら，おとなは1mほど離れて向き合い，子どもが蹴ったボールを受ける。

≪ダウン症っ子チャレンジポイント≫

・軸足とボールを蹴る足の動きが身についた。

・蹴る時に腕などを使ってバランスをとることができる。

3-Ⅱ-26　段差をハイハイで登る

個別療育／指導

ねらい
10cm 程度の段差 1 ～ 2 段を這い上がることができるようになる。

場面
踏み面（1 段の奥行）の面積が十分ある段差で取り組む。

家庭の階段は蹴上げ（高低差），踏み面（面積）の規格が練習には適当でない場合が多いので避ける。

子どもとの遊びの中で，おとなが足を伸ばして座り，その足に登らせるなどさまざまな場面で一緒に楽しみながら取り組む。

方法・工夫
(1) 段差の上段（手が届かない距離）におもちゃを置き，注目させ段差を登るように促す。
(2) おとなが段差の向こう側から子どもの名前を呼ぶ。
(3) おとなが先行してモデルを見せる。
(4) 上段に手をかけた後，片方の膝を上段（手と同じ段）に押し上げる。
(5) 残った方の膝が手をかけた段に上がらない場合，おとなが下からお尻を押し上げる。

≪ダウン症っ子チャレンジポイント≫
・手や足の移動時（3 点支持の時）にバランスは
　崩れない。
・段差（高さ）を怖がらずに取り組める。

【Ⅱ段階：C領域】

3-Ⅱ-27　三輪車をキックで進める

個別療育／指導

ねらい

三輪車などに乗り，地面を蹴って進むことができるようになる。

教材・場面

公園や保育園・幼稚園の園庭など広いところで取り組む。

※三輪車はペダルが回転し危ない場合もあるので，またいで乗れるおもちゃの車などでもよい。

※斜面など三輪車が勝手に動いてしまう危険な場所は避ける。

方法・工夫

(1) 可能であればおとなや，少し年上の子どもでお手本を示す。

(2) はじめは両足を同時に動かして進む。

(3) (2) ができるようになったら，足を交互に動かして進めるように促す。

※うまく進めない子にはおもちゃで呼んだり，おとなが足を動かしてあげて練習する。

≪ダウン症っ子チャレンジポイント≫

・怖がらずに乗り物に乗れる（転倒に注意し，はじめは乗り物を少し支えてあげる）。

・両足で地面を蹴って前に進もうとする。

・足を交互に動かして前に進むことができる（「○○くん号出発ー！」などと声をかけながら楽しく取り組む）。

3-Ⅲ-28　テーブルの上をふきんで拭く

個別療育／指導

ねらい

テーブル拭きの手順が分かり，手伝いができるようになる。

場面

きれいにテーブルを拭く工夫をしよう。

方法・工夫

(1) 例示して見せ，活動に関心をもたせる。

※奥から手前に拭き，横にずらして，今度は手前から奥に拭く。

(2) 2つ並べたふきんで指導者と共にテーブル拭きに取り組む。

(3) 1人でテーブル拭きに取り組む。

※必要に応じて手順を示す図を貼って分かりやすくする手立ても取り入れる。

評価のポイント：指導者が示したことをまねして取り組める。

奥から手前にずらして手前から奥という手順ができている。

≪ダウン症っ子チャレンジポイント≫

・消えるマジックペンで，拭く線を描き，拭いたこ
　とが分かるように示してあげましょう。

・次に連続した線を描き，続けて線の上をなぞるよ
　うに拭くことができるようにしましょう。

・徐々に点や拭くポイントだけにマークして，拭く
　ことができるようにしましょう。

【Ⅲ段階：S領域】

3-Ⅲ-29　ぶら下がる

個別療育／指導

ねらい

腕の力だけでおとなの腕や鉄棒にぶら下がることができるようになる。

教材・場面

公園の鉄棒や，力のあるおとなの腕を使って取り組む。

下に布団を敷くなどして，落下してけがをしないよう注意する。

方法・工夫

(1) ぬいぐるみをぶら下げたり，おとなが鉄棒でお手本を見せることでイメージをつかませる。

(2) はじめはすぐに足の着く低いところから，鉄棒の場合はおとなが体を支えながら始める。

(3) ぶら下がったまま数を数えたり，おとなの腕にぶら下がった状態でおとなが移動して楽しむ。

※手でしっかりと握るのが難しい子は，ロープを引っ張り合う遊びなど握力・腕力を高める遊びをする。

≪ダウン症っ子チャレンジポイント≫

・鉄棒や腕を指でしっかりとつかむことができる（サル手ではなく親指と人差し指の先をくっつけてしっかりつかむ・オッケー〔めがね〕の手）。

・腕で自分の体重を支えることができる。

・10秒間ぶら下がることができる。

3-Ⅲ-30　坂を後ろ向きに上る

個別療育／指導

ねらい

進行方向の見えない状態で移動する，いつもと違う筋肉を使うことができるようになる。

場面

坂道や丘などで，後ろを向いた状態で上る。

後ろに人や物がないことを確認し，広い場所で行う。走ると危ないのでゆっくりから始める。

方法・工夫

(1) 子どもは後ろを向いて，おとなは前を向いた状態で横並びに手をつなぎ，ゆっくりと坂を上る。

(2) 慣れてきたら，前向きに上る，後ろ向きに上る，を交互に取り組む。

※後ろ向きでまっすぐに進むのが難しい子は，おとなが後ろから声をかけたり，地面にテープなどで線を引き，目印を頼りに進む。

※下る時は危ないので必ず前を向いて下る。

≪ダウン症っ子チャレンジポイント≫

・怖がらずに後ろ向きで進むことができる（最初は手をつないでもよい）。

・後ろ向きに坂を上ることができる（転んで頭を打たないよう気をつける）。

・目印を頼りに，後ろを見ずにまっすぐ進むことができる。

【Ⅲ段階：Ｓ領域】

3-Ⅲ-31　大きな荷物を持って運ぶ

個別療育／指導

ねらい

片手もしくは両手で荷物を持って歩くことができるようになる。

場面

日課となっている活動（荷物整理・片づけ），お手伝い（誰かに物を届ける）や好きな玩具を運び出す場面で取り組む。

転倒しても危険のない平らな場所を選ぶ。

方法・工夫

(1) 取っ手が付いているなど，持ち運びしやすい袋や箱，カゴに脱いだ衣服や好きな玩具を入れて運ぶことから始める。

(2) 両手で抱える場合，荷物は前方の視野が確保できて，足が前方に踏み出せる大きさにすることで転倒などを回避する。

(3) 運搬距離は見通しがもてる（目的地が見える）範囲から始める。

(4) 重いものが運べるようになってきたら，お手伝いや片づけをおとなと一緒に行う。

(5) この際，荷物（運搬物）は転倒してけがをする危険のないものを選ぶ。

≪ダウン症っ子チャレンジポイント≫

・いろいろな大きさや形，重さの荷物を持って歩けるか。

・荷物を持った状態でバランスを維持して歩けるか。

3-Ⅲ-32　200mほど歩ける

個別療育／指導

ねらい

バランスを崩すことなく歩き続けることができるようになる。

場面

　大きな公園や遊歩道，安全確認のできた道路などで取り組む。

　目的地（好きな遊びができる場所・好きな物が見られる場所など）があると，子どもの意欲が維持しやすい。

方法・工夫

(1) おとなが「○○しに（□□を見に）行こう」のことばかけや子どもが見通しをもつことができる写真カードなどを見せ，歩行での移動を促す。

(2) その際，安全面の配慮や子どもとの関係上，子どもが1人で歩けていることを確認しつつ，おとなと手をつないで歩くこともよしとする。

(3) 子どもが自分の力で歩けるように，目的地のことを話したり，目に入る景色から子どもが興味を抱くことについて話しかけたりして，楽しく歩く。

(4) 少しずつ歩行距離を延ばしていく。

≪ダウン症っ子チャレンジポイント≫

・すぐに座り込むことなく歩き続けられるか。

・少々の段差や凹凸があってもバランスを維持して歩けるか。

【Ⅲ段階：C領域】

3-Ⅲ-33　転ばずに走る

個別療育／指導

ねらい

地面を十分に蹴り上げて走ることができるようになる。

場面

子どもの好きな遊びの場面で取り組む。

転倒しても危険のない場所を選ぶ。

屋外の場合は周囲の状況に注意を払う。

方法・工夫

(1) かけっこや運動会ごっこなどの遊びの中で，おとなと「よーいどん」でスタートを切り，おとなが前に出たり後ろで追ったりして盛り上げる。

(2) テンポのよい音楽や歌に合わせて飛行機などのまねをしながら行うことで，子どもが楽しめるようにする。

(3) おとなが鬼役になり追いかけっこをする。

※なお，この段階ではおとなは腕を大きく振るなど大げさに走ることを示してもよいが，子どもに細かなフォームの改善を求めず，ある程度のスピード（歩くのよりも速い）で走ることを目指す。

≪ダウン症っ子チャレンジポイント≫

・歩行時よりも速い速度で移動できる。

・地面を十分に蹴り上げている。

・不規則でバランスが悪くても腕を振っている。

3-Ⅲ-34 しゃがんだまま歩く

個別療育／指導

ねらい
しゃがんだ姿勢を保ったまま移動することができるようになる。

場面
部屋の中でも実施可能。

方法・工夫
(1) おとなも一緒に，しゃがんだまま歩く。
(2) テーブルの下など，しゃがんだまま歩いてくぐる。

≪ダウン症っ子チャレンジポイント≫
・お尻や手をつかず，しゃがむことができる（手を前に出させるなど，重心を少し前にするように）。
・しゃがんだまま小さく前に進める（難しければ手を引いてもよい）。
・中腰になったりお尻が浮いたりせず，しゃがんだ姿勢を保ったまま移動できる（トンネル〔人の足の間などでもよい〕を作り，楽しく取り組む）。

【Ⅲ段階：B領域】

3-Ⅲ-35　支えてもらって階段の上り下りをする

個別療育／指導

ねらい

手すりにつかまったり，おとなに片手を支えられたりして階段の上り下りができるようになる。

場面

各段の高低差が少ない階段で取り組む（急な階段は避ける）。

手すりのある階段の手すり側で取り組む。

駅など公共施設の階段を利用する場合は，周囲の状況に注意を払う。

方法・工夫

(1) おとなが片手をつなぎ，他方の手を手すりにつかまらせ，階段を一緒に上ることから始める。

(2) おとなの見守りで手すりにつかまって上る。

(3) おとなが数段下から手を支え（子どもを受け止められる向きで），他方の手を手すりにつかまらせ，階段を一緒に下りる。

(4) 数段下からおとなが見守り，手すりにつかまって下りる。

(5) 下りの見守りは，最後の数段から始める。

※足を交互に出すのが難しい場合，1段ずつ足をそろえて上り下りをする。

≪ダウン症っ子チャレンジポイント≫

・バランスを維持して階段の上り下りができる。

・特に階段を下りる時，怖がらずに取り組める。

3-Ⅲ-36　手をつないで走る

集団療育／指導

ねらい

手をつなぐ相手を置いていったりせず，一緒に走ることができるようになる。

場面

公園や園庭など広い場所で遊ぶ時。

方法・工夫

(1) はじめは2人ペアなど，ペースを意識する相手が少ない設定のものから始める。

(2) 慣れてきたら，「手つなぎ鬼」や「もうじゅう狩り」（チームが決まったら走って移動する）などでも取り組める。

≪ダウン症っ子チャレンジポイント≫

・手をつないだまま一緒に走ることができる（はじめはおとなとペアで）。

・手をつなぐ相手の子のペースを考慮して走ることができる。

・手つなぎ鬼などのゲームになっても，手をつないでおくことを守れる。

【Ⅲ段階：C領域】

3-Ⅲ-37　合図に合わせて動く

集団療育／指導

ねらい

合図で走り出したり，止まることができるようになる。

場面

集団活動の場で，笛や手の合図，かけ声などに合わ
せて走ったり座ったりする。

方法・工夫

(1) 運動会のかけっこのように，数人でスタートラインに並んで笛やかけ声
　　で走り出す。

(2) 大人数で取り組む場合は，かけっこだと危ないので「立つ」「座る」な
　　どから始める。

(3) 立つ，座る，走る，止まる，集合など複数の合図を組み合わせられると
　　なおよい。

※合図を理解することが難しい子は，周りの子の動きをまねして動くよう働
　きかける。

≪ダウン症っ子チャレンジポイント≫

・合図に注意を向けることができる。

・複数の合図を理解し，動くことができる。

・合図に合わせた動作を素早くできる（競争やさまざまな動き〔走る・止ま
　る・回るなど〕を楽しみながら取り組む）。

3-Ⅲ-38　ぐるっと回る

個別療育／指導

ねらい

立ったままでぐるっと回ることができるようになる。

場面

周囲におもちゃや人がいない場所で取り組む。

方法・工夫

(1) はじめはポールの周りなど中心になるものを目印にして回る。

(2) 目印がなくてもその場で回る。

(3) 反対回りと交互にできる。

≪ダウン症っ子チャレンジポイント≫

・目印を中心にしてその周りを回ることができる（目印はフラフープやコーンなどでも）。

・目印なしで，その場でぐるっと回ることができる。

・右回り・左回りを交互にできる，指示によって切り替えることができる。

【Ⅲ段階：C領域】

3-Ⅲ-39　大きな積み木を運ぶ・積む

個別療育／指導

ねらい
大きなものを運んだり，持ち上げて積んだりすることができるようになる。

教材・場面
幼稚園や保育園であれば大きな積み木，家であれば枕や大きめのクッションなど。

腕を回して抱えられるくらいの大きさのものを使用する。

方法・工夫
(1) はじめはおとなから手渡されたものを持つ。
(2) 床に置いた状態から持ち上げる。
(3) 持ち上げたものを少し離れたところに運んだり，高いところに置いたり，積み上げたりする。

≪ダウン症っ子チャレンジポイント≫
・手渡されたものを落とさずに持つことができる（はじめはおとなが支えながら）。
・床から持ち上げることができる（「力持ちだね！」などと声をかけながら楽しく取り組む）。
・持ったまま移動することができる。
・少し高いところに置いたり，積み上げたりできる（できたらたくさんほめる）。

3-Ⅲ-40　ボールを片手で投げる

個別療育／指導

ねらい

片手でボールを投げることができるようになる。

教材・場面

ソフトテニスボール，卓球の球，スーパーボールなど（片手で持てるくらいの小さめのボールを，可能であれば何種類か用意する）。

公園や園庭など広い場所で行う。

方法・工夫

(1) 片手でボールをつかんだり，転がしたり，投げたりする。

(2) まずはおとなが見本を見せ，上から投げたり（オーバースロー），下から投げたり（アンダースロー）する。

(3) できそうであればカゴをゴールとして用意し，ねらって投げてみる。

※投げることが難しいときは，叩き落とすのでもよい。

※利き手にこだわらず，左右どちらの手でもつかんだり投げたりしてみる。

≪ダウン症っ子チャレンジポイント≫

・片手でボールをつかむことができる。

・片手でボールを投げるように放つことができる（はじめは床にたたきつけてしまってもよい）。

・前に向かって（2mくらい）投げることができる。

・利き手ではない手でもボールをつかんだり投げたりできる。

【Ⅲ段階：O領域】

3-Ⅲ-41　洗濯ばさみを使って遊べる
（まとめてはさむ，印のところにはさむ）

> 個別療育／指導

ねらい

洗濯ばさみの操作で遊ぶ。

指先の力の強化，目と手の連携した動作を獲得する。

教材・場面

大きさやはさむ力が異なる洗濯ばさみ，硬い台紙。

実践場面で指導者と並んで取り組む。

方法・工夫

(1) 台紙にはさんだ洗濯ばさみをはずして遊ぶ。

(2) 見本を見せて，洗濯ばさみ同士をつないだり，台紙にはさんで遊ばせる。

(3) 実際に洗濯物の洗濯ばさみをはずしてハンカチを取り込む。

≪ダウン症っ子チャレンジポイント≫

・指先を操作し，洗濯ばさみをつまめる（難しそうであれば，おとなが手を添えるなどして手伝う）。

・洗濯ばさみを「はずす」，物を「はさむ」操作ができる。

・印をつけた部分をはさめる（台紙にウサギなどのイラストを描き洗濯ばさみを耳に見立てるなどして，楽しく取り組めるよう工夫する）。

・洗濯物をはさんでいる洗濯ばさみをはずせる（うまくはずせたら，お手伝いをしてくれたことを含めてたくさんほめる）。

3-Ⅲ-42　洗濯物（ズボンやシャツ）をたたむ

個別療育／指導

ねらい

　洗濯物をたたむには，指先をさまざまに使う活動が伴う。また，手や道具の使い方が決まっているので，毎日の生活で繰り返し行うことになる。その繰り返しの中で，操作性を高めることができるようにする。

場面

洗濯物をたたもう（実践場面で指導者と並んで取り組む）。

方法・工夫

(1) 指導者は，洗濯物をたたむ場面を設定する。

(2) 子ども自身の靴下や下着をたたむことから手伝いをさせてみる。靴下を合わせてたたむことから始め，ペアを探して合わせることをパズルのように楽しむ。

※ペアを同じ向きにそろえられない時は，ボードに靴下のシルエットを描きシルエットに合わせて1枚ずつ靴下を置くようにすると，そろえて重なった形になる。

(3) 自分で引き出しにしまっておしまいにする。

≪ダウン症っ子チャレンジポイント≫

　好みのタオルやキャラクターが付いた靴下など，本人が意欲的に取り組むことができるような洗濯物から実践しましょう。

【Ⅲ段階：O領域】

3-Ⅲ-43　木琴・鉄琴を打ち鳴らして規則的な音を鳴らす

個別療育／指導

ねらい

楽器の演奏を通して，手首の操作性を高めることができるようになる。

場面

木琴をたたこう（実践場面で指導者と並んで取り組む）。

方法・工夫

(1) 指導者が，マレットを持って木琴をたたき，いろいろな音が出ることに興味を持たせる。

(2) 自分1人で自由にマレットを使って，いろいろな鍵をたたくことができる。

≪ダウン症っ子チャレンジポイント≫

マレットには，鉄製や糸で巻いたものなど，カラフルでさまざまな種類があるので，本人が好むマレットを選ぶことができるように提示できると意欲が高まるでしょう。

はじめから特定の鍵を鳴らすことを目的とせず，本人が鍵を鳴らすことができることをほめましょう。

本人が鍵を鳴らすことができるようになったら，1つの鍵にお気に入りのシール等を貼って，その鍵を続けて鳴らすことができるようにお手本を見せるようにしましょう。

【Ⅲ段階：C領域】

3-Ⅲ-44　両足ジャンプをしよう

個別療育／指導

ねらい

しゃがんだ状態から両足跳びができるようになる。

教材・場面

おとなと対面して取り組む。

方法・工夫

(1) しゃがんだ状態で,「サン, ニ, イチ, ポーン」のかけ声に合わせて素早く立つ。

(2) しゃがんだ状態で対面して子どもの脇の下に手を入れて支え, かけ声に合わせて立つと同時に子どもを持ち上げる。

(3) しゃがんだ状態で対面し, かけ声に合わせて跳んで見本を示す。

≪ダウン症っ子チャレンジポイント≫

着地時にお尻をついてしまうと, 頸椎に負担がかかってしまうので, 無理なく取り組みましょう。

音楽をかけたり, 背丈より少し高いところにおもちゃをつり下げたりして, 楽しい雰囲気で取り組めるような工夫をしましょう。たとえすぐにはできなくても, ジャンプしたような感覚を体験してもらい, たくさんほめて本人の意欲を高めましょう。

【Ⅲ段階：C領域】

3-Ⅲ-45　すべり台に上る・滑る

個別療育／指導

ねらい

すべり台の遊び方をスクリプト（一連の流れ）として理解し，遊ぶことができるようになる。

場面

公園や園庭など，すべり台のある場所。

方法・工夫

(1) すべり台で上手に遊べるきょうだいや友だちのお手本を見せる。

(2) おとなや年上の子どもと一緒に階段を上り，滑る。

(3) 高いところを怖がる場合はおとなも一緒に上まで上る。滑るのを怖がる場合はおとなも一緒に滑る。

≪ダウン症っ子チャレンジポイント≫

・1人で階段を上り，すべり台の上まで行ける（落下に気をつけて，難しければ後ろから少し支えてあげる）。

・1人で滑り下りることができる（楽しく滑り下りられるように下から「おいでー！」などとたくさん声をかける）。

・すべり台の遊び方を理解している。

3-IV-46　20〜30m先のゴールまで走る

集団療育／指導

ねらい

ゴールを目指して一定の距離を走りきることができるようになる。

場面

公園や園庭など広い場所で，目印を設けて行う。

方法・工夫

(1) ゴールを決めて，そこまで止まらずに走る。競争してもよい。

(2) 直線や曲線を引き線に沿って走る。コースの幅を決めて，はみ出さないように走る。

※1人で走ると途中で止まってしまう場合は，おとなやお友だちと手をつないで一緒にゴールまで走る。

≪ダウン症っ子チャレンジポイント≫

・別のところに向かったりせず，ゴールを目指して走ることができる（おとなが走って見本を見せてあげる）。

・途中で止まらずゴールまで走りきることができる。

・まっすぐ走ったり，道に沿って走ったり，コースを意識して走ることができる（カーブなどを楽しみながら走る）。

【Ⅳ段階：B領域】

3-Ⅳ-47　階段を上る・下りる

個別療育／指導

ねらい

両足を交互に出して，階段の上り下りができるようになる。

場面

家の中の階段や段差等の上り下り。

方法・工夫

(1) 1段ずつ片方の足を出して上り下りができるようになったら，右足の次は左足……と交互に出すように練習する（1段ずつ両足をそろえて止まってもよい）。

(2) おとなが上から引っ張るように／下から支えるようにして，1段に両足が乗らないように，上げた足を次の段に乗せて上り下りできるように練習する。

※片足でバランスをとることが難しい子は，1段の段差（低い踏み台やコンクリートブロックなど）で片足立ちの練習をやってみる。

≪ダウン症っ子チャレンジポイント≫

・片足を出して階段を上り下りできる（どちらか片足だけでも）。

・足を左右交互に出すことを意識して階段の上り下りができる（足が交互に出るよう声をかける）。

・手すりやおとなの支えを使い，1段ずつ止まらずに上り下りができる（ゆっくり焦らず取り組む，「よいしょ」などと声をかけながら）。

3-Ⅳ-48　平均台をわたる

個別療育／指導

ねらい

幅10cmほどの平均台や縁石をわたることができるようになる。

場面

保育園・幼稚園の平均台や帰り道の縁石。

方法・工夫

(1) 壁に手をついたり，おとなと手をつないで支えにしながらわたる。

(2) カニさん歩き（横歩き）で支えなしでわたる。

(3) 前を向いて，足を左右交互に出して支えなしでわたる。

≪ダウン症っ子チャレンジポイント≫

・支えがあればわたることができる（はじめは両手を支え，次は片手，などと
　少しずつ手を離していく）。

・支えなしで自分でバランスをとろうとする（バランスを崩しても支えてあげ
　られるよう，子どもの近くに手を差し出しておく）。

・支えなしで，カニさん歩きや前を向いてわたる
　ことができる（落下に注意して見守る・補助する）。

【IV段階：S領域】

3-IV-49 両手を床につき体を支え，足首を持ってもらった姿勢（手押し車）で前進する

個別療育／指導

ねらい

上肢・腹部の運動強化。

教材・場面

マットなどを敷いた柔らかい床の上で取り組む。

手押し車で移動したくなるように本人の好きなおもちゃや遊具を用意する。

方法・工夫

(1) 子どもをうつ伏せの状態に寝かせる。おとなが腰を少し持ち上げて腕が突っ張るようにする。

(2) 腕立ての姿勢ができたら，足首（膝・腰）を支えながら前進させる（最初は無理に進ませようとしない）。

※体重を支えることが難しい子どもには，膝や腰を支えるようにして腕への負担を少なくする。

≪ダウン症っ子チャレンジポイント≫

筋力の弱さから苦手意識をもってしまうかもしれません。できることから少しずつ始めましょう。

本人が自発的に動きたくなるように，視線の先におもちゃを用意する，たくさん声かけをするなどの工夫をしましょう。

119

3-Ⅳ-50　片足立ちができる（2秒以上）

個別療育／指導

ねらい

立っている状態から片足を浮かせてバランスをとることができる。

教材・場面

壁や手すり等，つかまるところがある場所。

方法・工夫

(1) 向かい合って両手をつなぎ，重心を子どもの利き足
方向に移させる。

※不安定なことに恐怖心がある子どもには，無理はさせず，おとなと一緒に
遊びながら少しずつ片足を浮かせる経験を積んでいく。

(2) 遊びの中に，片足を浮かせる動きを取り入れて，お手本を見せながら繰
り返し遊ぶ。

※片足を浮かせることが難しい子どもには，手をつないだり手すり等を持た
せたりする。

≪ダウン症っ子チャレンジポイント≫

平衡感覚が必要なため，片足立ちに苦手意識をもつ子もいるでしょう。足元
にシャボン玉を吹き，それを足で踏むゲームをするなど，楽しい雰囲気の中で
少しずつ動きを習得できるように促しましょう。

はじめは手をつないだり，手すりを持ったりして安心して取り組めるように
しましょう。徐々に握るものを手から指にするなど，援助を減らしていき，本
人の自主性を育みましょう。

【Ⅳ段階：C領域】

3-Ⅳ-51　おとなの手本を見ながら簡単な動作を模倣することができる

集団療育／指導

ねらい

相手を見て簡単な動作の模倣ができるようになる（両手の上げ下げ，その場足踏み等単一動作の模倣）。

教材・場面

動作を強調するオノマトペや効果音，タンブリン，鈴，リボン。
プレイルーム等。

方法・工夫

(1) お手本がよく見えるように子どもの正面に立つ（2〜3 m程度の距離）。

(2) 注目してほしい部分を強調して動かし，それぞれの動きに合わせてオノマトペや効果音をつける（左右反転して示す）。

※注目することが難しい子どもには，注意を向けるように声かけをする。タンブリンやリボンを持ちながら動作をすると，模倣しようとする意欲が高まる。

※模倣することが難しい子どもには，身体援助をしながらどのように動けばいいのか体験的に分かるようにする（繰り返し何度も行う）。

(3) 同じ展開，同じオノマトペや効果音を示し，見通しをもたせるようにする。

≪ダウン症っ子チャレンジポイント≫

音楽や楽器・リボンを使って楽しい雰囲気を作り，本人の意欲を高めましょう。

3-IV-52　音楽に合わせて，走る，止まる，高這い，寝返り等の簡単な動作ができる

集団療育／指導

ねらい

音楽を聞いて，走る，止まる，高這い，寝返り等ができるようになる。

教材・場面

ピアノ，音楽プレイヤー。

※子どもの動きや反応にも対応できるので，生演奏がお勧め。

簡単な運動ができるプレイルーム。

方法・工夫

(1) それぞれの動作に合わせて，子どもがその動作をイメージしやすい曲（動作を誘発しやすいリズムやテンポの曲）を1曲ずつ選定する（例：走る＝「とんぼのめがね」，高這い＝「おうまはみんな」，寝返り＝「どんぐり」）。

※止まる動作は，それぞれの曲を止めて無音にすることで促す。

(2) 歩く→走る→高這い→寝返り→寝る（休憩）等のように，子どもが行いやすい動作から少しずつ姿勢を変化させていけるように曲順を決定する。

※朝の体操や運動遊びの導入部分等に設定し，定期的に取り組む。

≪ダウン症っ子チャレンジポイント≫

音楽を聞いて，体を動かすことから始めましょう（ねらいの動作でなくてもよいです）。おとなや友だちの動きを見せながら，一緒に楽しく運動しましょう。音楽と動作の関係が分かり，曲に合わせて動作を変化させることができるよう，声かけをしていきましょう。

【Ⅳ段階：B領域】

3-Ⅳ-53　ブランコをこいで遊ぶことができる

個別療育／指導

ねらい
ブランコに乗り，膝を曲げ伸ばしてこぐことができるようになる。

教材・場面
公園や園庭のブランコ。

※ブランコの前や後ろに入ると危ないので，待つ場
　所や交代のルールを決めるとよい。

方法・工夫
(1) 鎖をしっかりと握り，座面の中央にお尻を乗せて座る。

(2) おとなが後ろから腰のあたりを優しく押す。

※1人で座ることが難しい子どもには，おとながブランコに乗り，膝の上に
　子どもを乗せる。

(3) 膝を曲げたり，伸ばしたりして勢いをつけたり，緩めたりする。

　　膝を曲げるタイミングが難しい子どもには，おとながブランコの横に立
　　ち，膝を曲げるタイミングを口にする（「伸ばす／曲げる」）と同時に，ふ
　　くらはぎや膝を軽く触って伝える。

≪ダウン症っ子チャレンジポイント≫
　ブランコは空中での平衡感覚を必要とする遊具です。怖がったり，嫌がった
りするお子さんもいるかもしれません。安心して取り組めるように，最初は，
お父さんやお母さんの膝の上に乗せて，ゆっくり揺らしてみましょう。1人で
座れるようになった後も，声かけをしたり一緒に遊んだりしましょう。

【IV段階：O領域】

3-IV-54　並べて遊ぼう

個別療育／指導

ねらい

隣のドミノに注意を向けながら，指先を使って静かにドミノを並べられるようになる。

教材・場面

ドミノ数十枚（似たような形のブロック）。

※必要に応じて，いくつ並べるかを示したシート（ドミノを置く位置に枠線を引いておき，活動の終わりが分かるようにしたもの）。

デスクワーク場面で指導者と対面または並んで座って取り組む。

方法・工夫

(1) 指導者が倒さないで並べる例と，倒してしまう例を示し，倒さないで並べてほしいことを伝える。

(2) 子どもがドミノを端から順番に並べる。

※ドミノ同士の間隔は，子どもの手先の巧緻性の実態やねらいを踏まえて設定する。

≪ダウン症っ子チャレンジポイント≫

・ドミノを人差し指と親指でつまめている。

・倒さないように静かにドミノを並べられる
　（「そーっと」など声かけをしてあげる）。

【Ⅳ段階：O領域】

3-Ⅳ-55　はさみで作ろう

個別療育／指導

ねらい

線からそれずにはさみで色紙を切ることができるようになる。

教材・場面

裏面にマジックで直線を書いた色紙，はさみ，のり，動物や魚などの台紙。
デスクワーク場面で指導者と並んで座って取り組む。

方法・工夫

(1) 指導者が線上をはさみで切り（△や□），動物や魚の模様等としてのりで
　　貼る。

(2) 子どもが好きな色紙を選び，線上をはさみで切る。

※必要に応じて切る線を指でさし示したり，はさみの持ち方や紙を持つ手の
　　位置について教えたりする。

※子どもによっては，1回の操作で切れる長さの線にしたり，手を添えて一
　　緒に切ったりする。

(3) 切った△や□にのりを付けて，台紙に貼る。

※のり付けが難しいときは手伝ってあげる。

※できた作品は大げさにほめてあげて，子どもが
　　楽しめるように。

≪ダウン症っ子チャレンジポイント≫

・線からそれずに，はさみで色紙を切ることがで
　きる（線からずれてもほめてあげる）。

3-Ⅳ-56　魚釣りゲームをしよう

集団療育／指導

ねらい

玩具の竿を操作して魚を釣ることができるようになる。

場面

魚などの絵を描いた画用紙と割箸2本（両方にマグネットを貼る）。

半円状に座る。前に机を置き，教材を置く。

方法・工夫

(1) 指導者が前で魚を釣ってみせる。

(2) 順番を決め，2人ずつ子どもが前に出てきて，全部釣れるまで魚釣りを
行う。

(3) 魚を全部釣り上げたら，2人それぞれの魚の数を数えて，フィードバッ
クする。

※子どもが釣る前に，練習タイムを設けて，竿（割箸）の使い方を教える。

≪ダウン症っ子チャレンジポイント≫

・魚（マグネットの部分）をよく見て，竿を動か
して釣ることができる（楽しみながら）。

【Ⅳ段階：C領域】

3-Ⅳ-57 フラフープや紐等で引っ張りっこをすることができる

集団療育／指導

ねらい

対象物をつかみ，力を入れて引っ張ることができるようになる。

教材・場面

フラフープや組紐，浮き輪等，輪になっていてつかみやすい物。

方法・工夫

(1) フラフープや紐等，つかみやすく，相手と直に接触することなく引っ張り合いができる物を用意する。

(2) 最初は，おとなと1対1で引っ張り合う。慣れてきたら子ども同士やチーム対抗戦へと発展させていく。

※引っ張ることが難しい子どもには，おとなが子どもの後ろから一緒に対象物をつかみ，その子の課題に合わせて動きを引き出すようにし，動き方や面白さを経験的に伝える。

≪ダウン症っ子チャレンジポイント≫

フラフープや浮き輪，紐等をつかみ続けることができる，相手が持っているフラフープや紐を取ることができる，相手が持っているフラフープや紐をつかみ，力を入れて引っ張ることができるなど，段階的にできることを増やしていきましょう。1つできるたびに，励ましながら，本人の意欲を高めましょう。

3-IV-58　三輪車や補助付きの自転車に乗る

個別療育／指導

ねらい

三輪車や補助輪付きの自転車に乗ることができるようになる。

場面

公園や園庭など広い場所。

方法・工夫

(1) 三輪車などにまたがり，ペダルに足を乗せる。

(2) おとなが後ろから押し，ペダルが回って足が動く感覚に慣れる。

(3) 自力で右足，左足，と交互に力を入れてペダルをこぐ。

≪ダウン症っ子チャレンジポイント≫

・三輪車などに安定して座っていられる（転倒に気をつけて見守る）。

・ペダルが回るだけの力で踏み込むことができる。

・交互に左右の足に力を入れてペダルを回して進むことができる（「出発進行一！」などと声をかけながら，楽しく取り組む）。

【Ⅳ段階：C領域】

3-Ⅳ-59　かけっこでリレー遊び（バトンを手渡す）ができる

集団療育／指導

ねらい

バトンを持って走り，相手に渡すことができるようになる。

教材・場面

リングバトン，チーム別のビブス（たすき，帽子），三角コーン。

20mの円周コース，20mの直線コース。

方法・工夫

(1) チームごとに色の異なるビブスを着る（リングバトンの色とビブスの色を合わせる）。

(2) コースの外周に三角コーンを一定間隔で置き，走るコースを明確にする。

※リレー遊びのやり方の理解が難しい子どもには，友だちがリレー遊びをしている様子（全体像）を見せながら，遊び方を1つ1つ説明する。

※走る順番を固定して，繰り返し遊ぶことで遊び方の理解を促す（スターターやアンカーはバトンを受け取る〔渡す〕手順がなく，目的がはっきりするので理解が難しい子どもにもお勧め）。

≪ダウン症っ子チャレンジポイント≫

ボールが回ってきたら次の人に渡すゲームなどを通して，リレーのルールを繰り返し経験させることで，安心して取り組むことができるでしょう。一緒に遊びを楽しめるお友だちと声をかけ合いながら楽しみましょう。

3-Ⅳ-60　片足ケンケンができる

個別療育／指導

ねらい

片足で体を支え，前方に跳ぶことができるようになる。

教材・場面

フラフープ，トランポリン。

※弾力のあるマットの上で行うと着地時の衝撃も弱まり，次のジャンプへの反動もついて跳びやすい。

方法・工夫

(1) 片足で地面を蹴って跳び，同じ足で着地する。

※片足で跳ぶことが難しい子どもには，おとなが向かい合って手をつなぎ，手本（子どもとは逆足）を示しながら跳ぶ。

※トランポリンに一緒に乗り，同じように跳ぶと片足跳びの感覚を感じやすい。

(2) 着地した足で，もう一度地面を蹴って跳び，同じ足で着地することを繰り返す。

※前に進むことが難しい子どもには，ケンケンパリングなどを足元に置き跳び越えることを意識させるようにする。

≪ダウン症っ子チャレンジポイント≫

手拍子や声かけなどをしながら，楽しい雰囲気で進めましょう。

まずは片足立ちで数秒止まる，その場でケンケンをするなど少しずつ足裏やふくらはぎの筋肉を鍛えましょう。また，たくさんほめてあげましょう。

【Ⅴ段階：O領域】

3-Ⅴ-61　もぐらたたきゲーム

個別療育／指導

ねらい

視線を上下左右に動かし，物を追視することができるようになる。

教材・場面

ヘビやワニなどのぬいぐるみ2個（カラーボールでも可），5〜10個程度の穴（ぬいぐるみが通るサイズ）を開けた段ボール箱，おもちゃのハンマー（紙コップで手作りしたり，ハエたたきなどで代用してもよい）を用意する。

デスクワーク場面で指導者と対面で座って取り組む。

方法・工夫

(1) 始める前にぬいぐるみを見せ，「ぬいぐるみがかくれんぼするよ」と伝える。

(2) ぬいぐるみを箱に隠し，穴から飛び出させてそれを子どもにハンマーでタッチさせる。

※穴から出しただけでは気づきにくい場合は，「ぴょこ」などと効果音をつけて気づかせる。

※穴の数やテンポなどは子どものペースに合わせて調整し，少しずつ難易度を上げる。

≪ダウン症っ子チャレンジポイント≫

・連続して穴から飛び出させた場合，すぐに気づいてタッチできる。

・遊びにエキサイトしすぎず，確実にタッチできる。

3-Ⅴ-62　袋の中身は何だろう？

個別療育／指導

ねらい

触った感触で物の形や材質を判断することができるようになる

教材・場面

　中身が見えない布の袋，おもちゃ（立方体や三角形などの木製の積み木，ゴムボール，毛糸玉，ぬいぐるみ，ミニカーなど），ビー玉やおはじき5個程度。

指導者と対面で座って取り組む。

方法・工夫

(1) 布の袋に木製の積み木を1つ入れ，子どもに中身が見えないように手を入れさせ，積み木の形を当てさせる（難しい場合は選択肢を与える）。

(2) 布の袋に材質が異なるおもちゃを複数個（ぬいぐるみとボール，ミニカーなど）入れ，子どもに中身が見えないように手を入れさせ，何と何が入っているか当てさせる。

(3) 布の袋にビー玉やおはじきを2～5個入れ，子どもに中身が見えないように手を入れさせ，いくつ入っているか当てさせる。

≪ダウン症っ子チャレンジポイント≫

・怖がらずにしっかりと触って玩具の形や材質を感じられる（安心させることばをかけ励まそう）。

・擬態語（ふわふわなど）や形の特徴を表すことば（丸い，角があるなど）を用いて玩具を推測できる。

【Ⅴ段階：C領域】

3-Ⅴ-63　同じにおいはどれ？

個別療育／指導

ねらい
においをかぎ分けることができるようになる。

教材・場面
石けん，におい付き消しゴム，ティッシュなど，
子どもが触れても安全な物とそれを入れる不織布製
の袋，紙コップなどの容器，目印に使うシール。
指導者と対面で座って取り組む。

方法・工夫
(1) においのするアイテムを入れた袋を示し，においを覚えてもらい，容器
　　にしまう（容器の裏に答え合わせ用のシールを貼る）。
(2) 新たに2つの袋（一方には容器と同じ色のシールを，もう一方には別の色の
　　シールを貼る）を示してにおいをかがせ，覚えたにおいはどちらか尋ね
　　る。選択後，容器の裏のシールで確認する。
※最初はにおいへの意識を高めるため，何のにおいか考えさせたり，におい
　のある物とない物を対にして識別しやすくする。
※においに敏感さを示す時は，様子を見ながら取り組む。

≪ダウン症っ子チャレンジポイント≫
・鼻の状態を確認しながら取り組む（鼻が詰まっている時は無理しない）。
・日頃から生活の中にあるにおいに注意が向くよう働きかけ，においの有無
　やにおいの違いに気づけるようにする。

3-Ⅴ-64　指令組み立てゲーム

個別療育／指導

ねらい

上下左右などの空間関係を理解できるようになる。

教材・場面

複数の色または，形の異なる積み木15個程度，積み木の構成見本シート
（イラストまたは写真）。

デスクワーク場面で指導者と対面で座って取り組む。

方法・工夫

(1) 始める前に，見本のシートの積み木のイラスト（または写真）と実物の
積み木の色や形の対応を子どもと一緒に確認する。

(2) 見本を見ながら積み木を組み立て，完成したら指導者と共に1つ1つ答
え合わせをする。

(3) 見本を見ずに指導者の言語指示のみで積み木を組み立てる。

※積み木は少ない数からスタートし，徐々に複雑な形にしていく。

≪ダウン症っ子チャレンジポイント≫

・上，左右，右から○番目などの空間関係に関す
るることばを理解できる。

・崩さずに積み木を組み立てられるか（手先の巧
緻性）。

【Ⅴ段階：Ｏ領域】

3-Ⅴ-65 粘土遊びをしよう

個別療育／指導

ねらい
両手で粘土をはさみ，小さいボール状の形を作れるようになる。

教材・場面
粘土（口に入れても問題のない小麦粘土など。アレルギーに留意する），粘土を置く板（粘土版など）。
デスクワーク場面で指導者と対面または並んで座って取り組む。

方法・工夫
(1) 指導者が両手で粘土をはさみ，コロコロ転がし，ボール状の形を作ってみせる。
(2) 子どもも同じように手を動かして作る。
※必要に応じて手を添えたり，手の動かし方の手本を見せたりする。
(3) 上手にできたらお団子や果汁などに見立てて遊ぶ。

≪ダウン症っ子チャレンジポイント≫
・手本と同じように両手を同時に動かして，小さいボール状の形を作れる（「コロコロ」と声に出してみよう）。

3-Ⅴ-66　部屋をきれいにしよう

集団療育／指導

ねらい

下半身や腕を強化する，体幹を鍛える，手首の回転操作ができるようになる。

教材・場面

雑巾，水の入ったバケツ。
集団場面で遊んだ部屋のおもちゃや教材を片づけた後に行う。

方法・工夫

(1) 部屋の端に横一列に並ばせ，それぞれのペースで，もしくは競争ゲーム
のようにして雑巾がけを行う。

※高這い姿勢での雑巾がけが難しい場合は，お腹の下に手を添えサポートし
ながら行う。また，指を開き手の平でしっかり体重を支えるようにする。

(2) バケツ等の水の中で，雑巾を軽く両手でこすり合わせる。

(3) 雑巾を2つ折りにし，両手で雑巾を立てるようにして下から握る。左右
の手首をそれぞれ内側にひねって回転させて絞り，水が出なくなるまで
握り直しながら絞る動作を繰り返す。

※絞る際は，内側にひねると同時に肘を伸ばし，脇をしめていくよう促す。

≪ダウン症っ子チャレンジポイント≫

・高這い姿勢が安定しているか。

・手の指を開き，手のひら全体でしっかりと体重を支えている。

・雑巾を絞る際，それぞれの手を内側にひねるように回転させている。

・水が垂れなくなるまで絞れている。

【Ⅴ段階：O領域】

3-Ⅴ-67　紐を結んでほどいて

個別療育／指導

ねらい
指先の微細な操作，左右の異なる手の動きができるようになる。

教材・場面
紐，厚紙に２つ穴を開けたもの（子どもと指導者用
に２セット）。
デスクワーク場面で指導者と並んで座って取り組む。

方法・工夫
※手の操作が分かりやすいよう例示は子どもと同じ向きで行う。

(1) 厚紙に紐を通し，紐の端から15cmほどの位置を指先で持つ。

(2) ゆっくり紐を結んでみせ，その後に子どもも同時進行で結ぶ操作を行う。

(3) ほどく時は，紐のどの部分をつまめばよいかを示し，左右方向にそれぞ
　　れ引く。

※左右の理解がまだあいまいな場合は，紐の先に目印を付ける，紐の半分に
　色を付けるなどして，指示理解を促す。

≪ダウン症っ子チャレンジポイント≫

・結ぶ際，紐を交差，くぐらせる，引く，など左右で異なる手の操作がス
　ムーズに行えているか。

・ほどく際，指先を使い，それぞれの手で１本の紐だけつまんで左右方向に
　引くことができる。

3-Ⅴ-68　おとなの手本を見ながら簡単な体操を模倣することができる

集団療育／指導

ねらい

相手を見て簡単な体操を模倣することができるようになる（複雑な動作の模倣）。

教材・場面

動作を強調するオノマトペや効果音，体操の見本を撮った動画，モニター。

プレイルーム等。

方法・工夫

(1) お手本がよく見えるように子どもの正面に立つ（2～3m程度の距離）。

※注目することが難しい子どもには，モニターで体操の様子を映すと注目しやすくなる。

(2) それぞれの動きに合わせてオノマトペや効果音を付け，動かす体の部位名を伝えながら強調して体を動かす（左右反転して示す）。

※模倣することが難しい子どもには，身体援助をしながらどのように動けばいいのか体験的に分かるようにする（繰り返し何度も行う）。

(3) 定期的に体操をする機会を設定し，繰り返し指導することで見通しをもたせるようにする。

≪ダウン症っ子チャレンジポイント≫

オノマトペや効果音を使ってイメージしやすくしたり，子どもたちに合わせてペースを工夫したりしながら，活動を進めましょう。

【V段階：C領域】

3-V-69　スキップをする

個別療育／指導

ねらい

リズムに合わせて交互に片足跳びができるようになる。

教材・場面

スキップが楽しくなるようなリズミカルな音楽（ミッキーマウスマーチ等）を流す。

音楽や運動遊びにスキップの動作を取り入れる。

方法・工夫

(1) 左右の足を交互に入れ替えて片足跳びをする。

※交互に片足跳びをすることが難しい子どもには，おとなが向かい合って手をつなぎ，重心を左右交互に傾けながら，片足ずつ跳ぶように促す。

(2) リズムに合わせて，左右の足を交互に入れ替えて片足跳びをし，前へ進む。

※リズムに合わせることが難しい子どもには，おとなが向かい合って手をつなぎ，「タンタ，タンタ……」と声をかけながら，一緒に跳ぶようにする。

≪ダウン症っ子チャレンジポイント≫

音楽をかけながらご家族と一緒に楽しく取り組みましょう。はじめは，上手にできずに小走りに進むだけでもほめて，意欲を高めてあげましょう。片足跳びができる，片足跳びで前に進むことができる，交互に片足跳びができるなど，1つずつ「できた！」という体験を積み重ねましょう。

3-Ⅴ-70　転がってきたボールを手や足で止めることができる

個別療育／指導

ねらい

転がってきたボールをよく見て，止められるようになる。

教材・場面

いろいろな大きさや素材のボールを準備する。指導
者と向かい合い，3mほど間隔を空けて立ち，転がっ
てくるボールを追視できるようにする。

方法・工夫

(1) 正面に転がってくるボールを手で止める。

※体の力を抜きリラックスした姿勢で構える。ボールを転がす際にはことば
　で合図をし，ボールをよく見るように伝える。はじめはゆっくりとボール
　を転がし，少しずつバウンドをつける，左右に転がす等といった変化をつ
　けていく。

(2) 正面に転がってくるボールを足で止める。

※足元に置いてあるボールの上に片足を置いてバランスをとる練習をする。
　転がってくるボールに対してつま先を上げて足裏でボールを止めるように
　する。慣れてきたら足の内側を使ってボールを止める。

≪ダウン症っ子チャレンジポイント≫

はじめはボールの空気を少し抜き，ゆっくり転がるようにするとよいでしょ
う。「手」「足」「お尻」等，体のいろいろな部位を使ってボールを止める遊び
を行い，ボールの特性（弾む，転がる）に慣れていきましょう。

【V段階：C領域】

3-V-71　弾むボールや，上から落ちてくるボールを両手でキャッチすることができる

個別療育／指導

ねらい

空中のボールをよく見て，両手でキャッチすることができるようになる。

教材・場面

風船やビーチボール，バスケットボールを準備する。

子どもは指導者と向かい合う。指導者は子どものお手本となって動作の模倣を促す。

方法・工夫

(1) 弾むボールをキャッチする。

※両手でボールを持ち，ボールを床に落として弾ませてからキャッチをする。慣れてきたらボールを床に強くたたきつけるようにして弾ませ，目線より上から落ちてくるボールをキャッチする。

(2) 風船やビーチボールをキャッチする。

※両手で風船やビーチボールを持ち，上に投げてからキャッチをする。腕を高く上げてキャッチする，胸の位置でキャッチする，しゃがんでキャッチする等，条件を与えながらいろいろな方法で取り組む。

≪ダウン症っ子チャレンジポイント≫

ボールが落ちてくるまでの間に指定された数の手拍子をする等，チャレンジ精神をもたせるようにしましょう。自分が投げたボールのキャッチから，指導者が投げたボールのキャッチに移行していきましょう。

【Ⅴ段階：Ｃ領域】

3-Ⅴ-72　肋木やジャングルジムの登り下りができる

個別療育／指導

ねらい

体育館の肋木や公園のジャングルジムの登り下りができるようになる。

教材・場面

体育館の肋木の下にマットを敷く。肋木やジャングルジムの登り目標（高さ）が見て分かるようにテープ等を貼っておく。

方法・工夫

(1) 肋木に登って，下りる。

※怖がらない高さまで登って下りることを繰り返し，慣れてきたら少しずつ高い位置まで登ってみる。バーをつかんで，自分の方に引き寄せながら登るように伝える。同じリズムでテンポよく登れるように促す。

(2) 肋木やジャングルジムに登り横移動をする。

※次につかむバーや足をかけるバーを目で追いながら，手→足→手→足と，交互に手足を動かしていく。

≪ダウン症っ子チャレンジポイント≫

ジャングルジムの中に入ってみましょう。頭や体がバーにぶつからないようにくぐることで，自分の体の位置を認知する力がついていきます。途中でぶら下がる動作等を入れると腕の筋力や握力が向上します。

【Ⅴ段階：Ｓ領域】

3-Ⅴ-73　正しいフォームで持続して走り続けることができる

個別療育／指導

ねらい

効率よく走るためのコツ（フォーム）を身につけて，続けて長く走ることができるようになる。

教材・場面

周回走ができるグランド等の広い空間で運動を行う。

方法・工夫

(1) 正しいフォームでゆっくり走る。

※①前を見る，②背筋を伸ばす，③頭を動かさない，という３つのポイントをことばで伝え，確認しながら，指導者と一緒にゆっくり走ってみる。慣れてきたら１人で走ってみる。

(2) ５分間走を行う。

※５分間を目安に，１人（もしくは集団）で周回走を行う。正しいフォームを意識しながら走るようにする。フォームが崩れてきたら途中でウォーキングを入れ，再び走り出すようにする。

≪ダウン症っ子チャレンジポイント≫

呼吸法「２回吸って，２回吐く」を練習してみましょう。「スッ，スッ，ハッ，ハッ」というリズムで呼吸をして，実際に走ってみましょう。周回走をする時には，はじめから早いペースで走るのではなく，少しずつペースを上げていくようにします。おとなが伴走をしながらペースをコントロールしてあげることも有効です。

3-Ⅴ-74　動物の動き（クマ，カニ，ゾウなどの歩き方や動き）をまねして遊ぶ

集団療育／指導

ねらい

動物の動きを模倣して，いろいろな体の動かし方を経験する。

教材・場面

指導者は動物の特徴を捉えた動きや鳴き声，しぐさを手本として子どもに見せ，子どもは指導者のまねをすることでさまざまな体の動かし方を経験する。

方法・工夫

(1) 動物歩きをする。

※クマ歩き（高這い），ワニ歩き（腹這い），ウサギ跳び（両足跳び），アザラシ歩き等いろいろな動きを経験する。右手と左手，手と足など，いくつかの部位を同時に動かすことで協応動作を行う。複雑なポーズに対して，「体のどこがどのように動いているか」を１つ１つていねいに伝える。

(2) 音楽に合わせて動物歩きをする。

※いくつかの動きを覚えたら，ピアノのリズムやCDの音楽に合わせ，動物歩きをする。一定の決まった流れ（ルーティン）で行うことで，見通しをもって活動に参加できるようになる。

≪ダウン症っ子チャレンジポイント≫

左右対称の動きや非対称の動き等，多様な動きを促すようにしましょう。指導者の指示やかけ声に合わせて，指定された動物に変身してみましょう。まねする側とされる側の両方を経験できるとさらによいでしょう。

【Ⅵ段階：B領域】

3-Ⅵ-75　平均台の上をいろいろな歩き方で移動することができる

個別療育／指導

ねらい

不安定な場所でバランスをとりながら移動できるようになる。

教材・場面

平均台を始点から終点まで歩いて移動する。平均台の下にマットを敷いて安全に活動できるようにする。

方法・工夫

(1) 線の上を歩く。

※床面にテープを貼るなどし，その線の上を歩く練習をする。線からはみ出ないよう意識をさせる。練習用の低い平均台があれば活用してみる。

(2) 平均台の上を歩く。

※足元を見ずに視線を前方に向ける。最初，怖がった場合は，子どもの両手を取って平均台をわたらせる。慣れてきたら片手を離す。「カニさんになろう！」と声をかけ，横向きで歩いてみる。

≪ダウン症っ子チャレンジポイント≫

平均台を追歩で進むことに慣れてきたら，次は足を交互に前に出して進む順歩をやってみましょう。後ろ向きに歩いたり，途中で方向転換をしたりしてみましょう。平均台の上に障害物を置き，それをまたいで歩くと難易度がさらに上がります。平均台から下りる際には指導者の支援を受け，安全に下りるようにしましょう。

【Ⅵ段階：Ｂ領域】

3-Ⅵ-76　目を開けて片足立ちが 10 秒以上できる

集団療育／指導

ねらい
バランスをとりながら片足で立つことができるようになる。

教材・場面
　指導者が子どもの片手を支えながら片足立ちでバランスをとらせる。足指を開いたり閉じたりする運動（グーパーの動き）を通して足がうまく使えるようにする。バランスボードやバランスストーンといった市販の教材を活用してバランス感覚を養う。

方法・工夫
（1）両手を広げて片足立ちのポーズをとる。

※両手を広げ，片足を上げる際に，腰の位置が軸足の上にくるように移動させる（指導者が腰を支えて移動してあげてもよい）。片足立ちのポーズが安定してとれるようになったら，5 秒間止まって姿勢を保持する。慣れてきたら上体を前に倒して「飛行機バランス」の姿勢をとってみる。

（2）「ケンケンパ」をやってみる。

※床面にテープで○印を付けて，リズムよく跳ぶように声をかける。

≪ダウン症っ子チャレンジポイント≫
　遊びのアレンジとして，目を開けて片足跳びで移動し，テープで作った輪の中に子どもたち全員が入り 10 秒間，片足立ちができると「成功」とする遊びをゲーム感覚でやってみましょう。

【Ⅵ段階：O領域】

3-Ⅵ-77　巻き取りゲーム

集団療育／指導

ねらい

回転させて紐を巻き取る，目と手の協応ができるようになる。

教材・場面

リボンや紐（1〜2m）の両端に，棒状の物（木の棒やラップの芯など）を付けたもの。

集団場面で他児と対面で取り組む。

方法・工夫

※一方の棒にリボンを二分の一の長さ程度巻き付けておく。

(1) 2人1組になり向かい合う。1人は棒の両端を両手で持ち立つ。もう1人はリボンが巻き付けてある棒の両端を持ち，その場からは移動しないようにする（立ち位置にラインや印を付ける，椅子に座るなどする）。

(2) リボンの巻き付いていない棒を持った子が，自分の方に棒を回転させながらリボンを巻き取っていく。その際，たるまないよう，リボンを少し引っ張りながら巻き取るよう促す。もう1人はそれに合わせて相手側に棒を回転させていく。

※巻き取る側の子どもの視線は，手元の棒の方に向けるよう促す。

≪ダウン症っ子チャレンジポイント≫

・リボンの巻き取りに合わせながら，それぞれが両手を回転させている。

・互いに少しリボンを引っ張り合うよう意識し，リボンやテープが緩まず巻けている。

3-Ⅵ-78　うまく注げるかな？

個別療育／指導

ねらい

傾きの調整，目と手の協応ができるようになる。

教材・場面

コップ，お茶やジュースの入ったポット，ペットボトルなど（中身の見える
透明のものがよい）。

おやつや食事場面で実施。

方法・工夫

※コップにはテープやシール，マーカーなどで，適量より少し下あたりに印
　を付けておく。

(1) （利き手が右の場合）左手でコップを支え，右手で少しずつ飲み物を注が
　　せる。

(2) 印まで注いだら，傾きを戻し静かにポットを置く。

※ポットを持つ手がぐらつき安定しない場合，注ぎ口をコップの縁に当てる
　ようにして注ぐようにする。

≪ダウン症っ子チャレンジポイント≫

・飲み物をこぼさないようポットをゆっくり傾けて
　注ぐことができる。

・コップをしっかりと支えている。

・飲み物がコップの印を越えたら，徐々に傾きを元
　に戻していける。

【Ⅵ段階：O領域】

3-Ⅵ-79　大工さんごっこ

個別療育／指導

ねらい

目と手の協応，指先の回転操作ができるようになる。

教材・場面

大工遊びの玩具（ドライバーとネジ）。

デスクワーク場面で指導者と対面または並んで座って取り組む。

方法・工夫

(1) ネジ先を穴に差し込み，ぐらつかないようにする。利き手にドライバーを持たせ，もう一方の手は穴のそばに置き玩具を押さえる。

(2) ネジの溝にドライバーを合わせて回転させてはめる。

※ドライバーとネジとが離れやすい場合は，ネジをはめる方向に力を加えながら回転させるよう声かけする。

(3) 逆方向に回転させてネジをはずす。

≪ダウン症っ子チャレンジポイント≫

・ネジをはめる方向に力を加えながらドライバーを回転させている。

・支える側の手で玩具がぐらつかないようきちんと押さえている。

3-Ⅵ-80 バットやラケット等で風船やボールを打つことができる

個別療育／指導

ねらい

バットやラケット等の道具を用いてボールを打つことができるようになる。

教材・場面

子どもが振りやすいサイズや重さのバットやラケットを準備する。新聞紙を丸めて棒を作る。また，1.5ℓや2ℓのペットボトルの口に棒を差し込み，ペットボトルラケットを自作してみる。風船，ビーチボール，ハエたたき。

方法・工夫

(1) 風船を新聞紙棒等でたたいて遊ぶ。

※天井から紐で吊るしてある風船を新聞紙棒やペットボトルラケットでたたいて遊ぶ。ハエたたきを使い「面」を意識しながら風船をたたいてみる。

(2) 指導者が投げた風船やビーチボールをバットやラケットで打ってみる。

※風船をうまくたたくことができるようになったら，風船を紐から外し，指導者から投げてもらった風船を打つ遊びへと移行する。片手で打つ，両手で打つ，上から打つ，下から打つ等，いろいろな打ち方を経験させる。

≪ダウン症っ子チャレンジポイント≫

止まっている状態のボールを打つ「ティーボール」にも挑戦してみましょう。ボールを打ってベースに向かって走るという動きを経験していく中で，ベースボール型の球技につなげていきます。

【Ⅵ段階：C領域】

3-Ⅵ-81　ボール等を足で操作して運ぶことができる

集団療育／指導

ねらい

ボール等を足で運ぶことができるようになる。

教材・場面

牛乳パック（1ℓ）を3つ並べガムテープ
で貼り付ける。

体育館などで牛乳パックを蹴る遊びを繰り
返し行う。慣れてきたら空気を抜いたボール
を使ってボールを足で運ぶ遊びを行う。

方法・工夫

(1)「ここまでおいで」ドリブル。

※10mくらい先に指導者が立ち，「ここまでおいで」と声をかける。子ども
　は牛乳パック（空気を抜いたボール）を足で蹴りながら指導者のところま
　で運ぶ。牛乳パックを蹴る回数を決め，大きく蹴り出さないようにする。

(2) ドリブルリレーを行う。

※数メートル先に置いてあるコーンまで牛乳パック（もしくは空気を抜いた
　ボール）を足で操作して運び，折り返して戻ってくる。その後，次の走者
　にタッチして，リレー形式で遊ぶ。

≪ダウン症っ子チャレンジポイント≫

ドリブルしながら鬼ごっこをやってみましょう。ドリブルしながら逃げる子
どもたちを，指導者は（優しめに）追いかけてください。

3-Ⅵ-82　30～50mのコースをゴールまで全力で走る

個別療育／指導

ねらい

決まった距離をゴールまで全力で走ることができるようになる。

教材・場面

グランドにラインを引いて走るコースを作る。ゴールライン（テープ）の少し先にコーン等の目印を置いて，そこまで走るようにする（ゴール前でスピードを緩めないようにする）。

方法・工夫

(1) 腕振り練習。

※子どもの後ろに指導者が立ち，子どもの肘の高さに合わせて手のひらを前に向ける。「よーい，どん！」の合図で子どもは肘が指導者の手のひらに当たるようにできるだけ早く腕を振る。

(2) ジグザグ走，まっすぐ走る。

※身体（上体）がふらつかないように「ジグザグ走」を行う。ゴールを見て「まっすぐ走」を行う。いずれもグランドのラインを意識しながら走る。体を前に傾けて走るようにことばかけをする。

≪ダウン症っ子チャレンジポイント≫

足裏全体を地面に着いて走っているようであれば，「タッ，タッ，タッと走ってみよう」「つま先で走ってみよう」等のことばかけを行い，「早く地面から足を離す」ことが大切であることを伝えるようにしましょう。

【VI段階：C領域】

3-VI-83 指示や合図に従っていろいろな方向や位置に向けて 走ることができる

集団療育／指導

ねらい

方向転換をしながら走ることができるようになる。

教材・場面

公園やグランド等をいっぱいに使って鬼ごっこを行う。定番の鬼ごっこだけでなく，「いろ鬼」「こおり鬼」「もの鬼」の他，友だちと協力しながら行う「手つなぎ鬼」など，いろいろな鬼ごっこを経験する。

方法・工夫

(1) 鬼ごっこ。

※ゼッケンを付ける，帽子をかぶる等して，鬼が誰かが分かりやすいようにする。定番の鬼ごっこでは，最初は指導者が鬼役になり，参加している子どもたちをまんべんなく追いかける。少しずつ子どもにも鬼の役を与える。

(2) 道具を使った鬼ごっこ。

※しっぽ取りでは，逃げる側はズボンにハンカチやスズランテープなどをはさみ，鬼に取られないように逃げる。ボール鬼では，ボールを当てることによって鬼を交代する。

≪ダウン症っ子チャレンジポイント≫

鬼ごっこは運動強度が高いので，途中休憩タイムや水分補給を入れながら無理なく行うようにしましょう。疲れたことを指導者に伝えることができることも安全に運動を行うために大切なことです。

3-Ⅵ-84　障害物をまたいだり飛び越えて走ったりすることができる

個別療育／指導

ねらい

サーキット状に配置された障害物をまたいだり飛び越えたりできるようになる。

教材・場面

体育館に平均台や跳び箱，ネット等を配置する。全身を使った運動が行えるように障害物を工夫する。子どもが自身の体力・運動能力に合わせて取り組めるように，たとえば平均台は高さ違いで準備をしておく。

方法・工夫

(1) 運動課題の確認。

※少しがんばれば1人でも取り組めるくらいの運動課題を子どもと一緒に確認する。運動課題に何度か取り組み，活動の見通しをもたせる。

(2) サーキット運動を行う。

※あらかじめ個々の体力・運動能力に応じて周回数や時間を決めておき，子どもが見通しと目標をもって運動に取り組むことができるようにする。アップテンポな音楽を流すことで子どもの気持ちを盛り上げる。

≪ダウン症っ子チャレンジポイント≫

腹筋や背筋といった体幹を使う運動，両手で体を支えたりする運動には積極的に取り組みましょう。準備運動はもちろんのこと，運動後にストレッチング等の整理運動を行い，疲れを残さないようにしましょう。

【Ⅵ段階：C領域】

3-Ⅵ-85　マットに背中や腹などをつけていろいろな方向に転がる

（個別療育／指導）

ねらい

マット上で支持や回転等の運動遊びを行うことができるようになる。

教材・場面

マット2〜3枚，カラーコーン，スズラン
テープ。

マットの下に巧技台や踏み切り板等を入れ
て坂道にする。1つのマットに対して1つの
運動課題を提示し，運動の仕方やポイント等を示す。

方法・工夫

(1) マットを使った運動遊び（ゆりかご，丸太転がり）。

※ゆりかごは，顎を引くことで，背中を丸くしやすくなること，丸太転がり
　は，指先やつま先を伸ばして体をまっすぐにすること等，動きのポイント
　を子どもに分かりやすく伝える。または視覚的に掲示しておく。

(2) トンネルくぐり。

※マット上にカラーコーンとスズランテープ等でトンネルを設定し，腹這い
　の状態で両手両足を使って移動する。

≪ダウン症っ子チャレンジポイント≫

マット運動は調整力・柔軟性・巧緻性・瞬発力など，体力を総合的に伸ばす
ことができます。体を支えつつ，腹這いや回転等，普段は使わない動きを経験
することができ，それぞれの子どものペースに合わせて行うことができます。

【Ⅵ段階：Ｃ領域】

3-Ⅵ-86　登り棒等の固定施設等で登り下りができる

個別療育／指導

ねらい

登り棒の登り下りができるか。

教材・場面

　登り棒の登り目標（高さ）が見て分かるようにテープ等を
貼っておく。子どもが登り棒に登る際には指導者は必ず下で
補助に入る（子どものお尻を支える）。気象条件にもよるが，
半袖半ズボンの方が登り下りがしやすい。

方法・工夫

(1) 登り棒にしがみつく。

※両手で棒の上の方を持ち，ジャンプして足を棒にからめる。手が上下にな
　るように棒をつかみ，足はふくらはぎくらいの位置でクロスさせる。滑り
　落ちないように10秒間，その場でとどまる。

(2) 登り棒の登り下りをする。

※登る際には，(1) の要領で登り棒にしがみつき，手で棒を自分の方に引き
　つけながら，足を使って体を上にもってくる。手と足で交互に登るように
　する。下りる際には，手と足の力を緩めながら，ゆっくりと下りる。

≪ダウン症っ子チャレンジポイント≫

　登り棒で自分の体重を支える力がついたら，ターザンロープで遊んでみま
しょう。ロープを手でしっかりと握り，足をしっかりからませてしがみつきま
す。ゴール地点での着地の際には指導者が補助をしてあげてください。

【Ⅵ段階：C領域】

3-Ⅵ-87　大縄跳びをする

集団療育／指導

ねらい

大縄で遊ぶことができるようになる。

教材・場面

指導者が1人の場合には，大縄の一方を適
当な場所に結んで固定し，もう一方を指導者が持つ。

方法・工夫

(1) 大縄で作った「大波」や「小波」で遊ぶ。

※指導者はゆっくりとした動きで幅を狭くゆらし，子どもが入るタイミング
　をことばで伝える。3回，5回，10回と具体的な目標を決めて達成できた
　らほめる。子どもが続けて跳べるようになったら「大波」や「小波」を作
　り大縄の幅に変化を加える。跳んでいるうちに場所が移動してしまう子に
　対しては，地面に印を付けておくとよい。

(2) 大縄への入り方と抜け方。

※大縄に入る際には，ロープが地面に着いたタイミングで走り出して，ロー
　プが上に移動したタイミングで中に入る。大縄を抜ける際には，着地した
　らロープを回している指導者の横を駆け抜けるようにする。

≪ダウン症っ子チャレンジポイント≫

　友だちと数人で大縄跳びをしてみましょう。慣れてきたら，前の人と間隔を
空けないで跳んでみましょう。指導者は失敗しても気にせずにみんなで楽しく
取り組めるような雰囲気を作っていくように心がけしてください。

よくある Q&A

Q1　体を動かすことがあまり好きではなく苦手なようです。どのように運動させたらよいでしょうか？

A1　ダウン症児は，標準的な発達の子どもに比べて運動機能の発達が緩やかで，日常生活の中での身体活動量も低い傾向にあります。また，年齢が上がるにつれて体重が増加することなどが影響し，運動が苦手な人も多いようです。健康の保持や体力向上のためには適度な運動を継続して行うことが望ましいのですが，単調で負荷の高い運動を無理に行わせることは，さらに苦手感が強まることにつながり，勧められません。体を楽しく動かす経験をさせるために音楽に合わせてダンスや体操を行う，買い物やお手伝いなど生活の中に運動の要素を取り入れたりするなど，生活の中で体を動かす機会を作っていくことが必要です。現在は，家庭で体を動かすことができるフィットネスゲームなどもあります。本人が無理なく楽しんで行える運動を探してみましょう。

Q2　手先が不器用で生活動作全般にとても時間がかかります。どう教えたらよいでしょうか？

A2　生活動作スキルを身につけることは，将来の自立のためにとても重要です。基本的に，粗大運動（立つ，歩く，走るなど体全体の運動）の発達が先に進み，その後で微細運動（書く，食具を使う，ボタンをはめるなどの手指の精密な運動）の発達が進むという順番にあります。まずは，家庭や園・学校で体全体を使った運動（遊び）をたくさん行うことが大切です。同時に，作業療法士や理学療法士などの専門のセラピストの指導（助言）を受けながら，本人の生活の中で役立つ生活動作スキルの獲得を目標にして，少しずつ家庭でも練習していくとよいでしょう。その際，やる気を引き出すような温かな励ましや時間が

かかっても待つ姿勢，専門家の指導（助言）に基づく介助，周囲が介入（手伝い）しすぎないことが大切です。家庭と発達支援機関が連携して取り組んでいきましょう。

Q3 姿勢が悪く，注意してもなかなか直りません。どうしたらよいでしょうか？

A3 ダウン症児は筋緊張低下とじん帯の弛緩性のために立位が安定しづらく，広い足幅で，爪先を外側に向けて立つ特有の姿勢になりがちです。その上，この姿勢がくせになるとおとなになってから痛みが出てきたり，歩く・走るなどの運動が困難になったりする可能性があります。正しい姿勢で立つには，股関節周りの筋肉を発達させ股関節が安定する感覚を覚えなくてはなりません。こうした正しい姿勢の獲得のためには，運動機能の細かなアセスメントが不可欠であり，体の状態に合わせたリハビリテーションを行っていく必要があります。こうしたことは，家庭や園・学校だけでは難しいため，医師や理学療法士などに相談してみるとよいでしょう。家庭では，姿勢の悪さを口頭で注意するだけではなく，鏡の前で体を動かして姿勢に注目させたり，正しい姿勢でいるときによいところをフィードバックしたりするなど，意識してよい姿勢を保てるよう働きかけるとよいでしょう。

Q4 疲れやすく，すぐに体調を崩しがちなので積極的に運動させることがためらわれます。

A4 ダウン症児の多くには身体的な疾患などの合併症が少なくないために，幼少期から医学的な治療や手術が必要であったり，呼吸器感染症や中耳炎などにかかりやすかったりするなど注意深い健康管理が必要な方が少なくありません。そのため，保護者は「いつも元気に過ごしてほしい」という思いから外出や他者との接触，危険が予想される場面を避けるなど，やや過保護的な対応に

なりがちです。もちろん，治療期間中は安静や施療などに専念する必要がありますが，体調がよく意欲的な時には，軽い運動（散歩や公園の負荷の少ない遊具での遊びなど）から始めてみるとよいでしょう。運動には，運動能力や技能の向上だけでなく，健康や体力の維持増進に役立つという側面があり，特に子どもにとっては心身の発達に欠かせないものです。

Q5 適度な運動ができる習い事はありますか？

A5 学校に通う年齢になると，座って学習する時間が長くなります。このくらいの時期から学校での活動だけでなく，いろいろな楽しみ方を見つけることは身体的なスキルの向上だけでなく，注意力や自信がつき，社会との関わりも増えるという意味でとても大切なことです。習い事はその方法の１つとして効果的でしょう。運動を伴う習い事にはいろいろありますが，きょうだい児や友だちと楽しく一緒にできるもの，本人の興味関心に合っているもの，レジャーとして家族で楽しめるものなど，地域や家庭の状況に合わせて複数の中から本人が自由に選ぶことができるとよいでしょう。運動の強度や時間，頻度が本人の運動発達に合っているかも重要です。基本的には，低年齢期は短時間で負荷が軽めで，楽しむことを重視した種目などを選択してあげましょう。成長に伴って徐々に，運動の強度，頻度，時間を増やしていきます。

Q6 特別支援学校卒業後，運動する機会が減り肥満気味です。おとなになってからもできる運動はありますか？

A6 成人期のダウン症者には肥満傾向が認められる場合が多いことが知られています。肥満予防や健康維持のため，できれば学齢期のうちに平日に学校でする運動だけではなく，休日を含めた余暇の時間に体を動かす方法を見つけ，卒業後も継続していくことが望ましいでしょう。成人期になってからでも，好きなスポーツや習い事をする他に，朝の散歩や買い物など，歩く習慣をつけた

り，趣味のサークルに参加して仲間を作ることで運動や余暇に対する意欲を高めたりするといった方法があります。他者からの評価や競争・ゲームといった要素を取り入れることで意欲が高まることもあります。新たな刺激を与えつつ，楽しみながら運動できるようにしたいものです。

索引

監修者　　　橋本創一　　　東京学芸大学

編　者（※は編集幹事）

橋本創一　　　東京学芸大学

熊谷　亮※　　宮城教育大学

田口禎子　　　駒澤女子短期大学

渡邉貴裕　　　順天堂大学

小野正恵　　　よつばみらいクリニック

執筆者（執筆順）

橋本創一　　　まえがき・8章・9章・Q＆A　監修者
はしもとそういち

渡邉貴裕　　　まえがき・1章　編者
わたなべたかひろ

熊谷　亮　　　2章・索引　編集幹事
くまがい　りょう

小野正恵　　　3章　編者
お の まさえ

和知真由　　　4章　大田区立こども発達センターわかばの家
わ ち まゆ

田口禎子　　　5章　編者
た ぐちともこ

宮本　愛　　　6章　社会福祉法人たちばな福祉会
みやもと　あい

清野弘子　　　7章　公益財団法人日本ダウン症協会
せい の ひろこ

第9章プログラム執筆者（50音順）

井上　剛　　　東京学芸大学附属特別支援学校
いのうえ　ごう

浮穴寿香　　　小金井市児童発達支援センターきらり
うけ な よしか

川池順也　　　山梨大学
かわいけじゅん や

熊谷　亮　　　編者
くまがい　りょう

佐藤翔子　　　東京学芸大学
さ とうしょうこ

堂山亞希　　　目白大学
どうやまあ き

中村奈々　　　よこはま若者サポートステーション
なかむら な な

福田弥咲　　　東京学芸大学
ふくだ み さき

堀江美喜子　　社会福祉法人一粒 児童発達支援事業ドルフィンキッズ
ほりえ みきこ

前田詩奈　　　東京学芸大学
まえだ し いな

町田唯香　　　社会福祉法人同愛会川崎市中央療育センター
まち だ ゆいか

宮崎義成　　　NPO法人あおぞら
みやざきよしなり

山内裕史　　　東京学芸大学附属特別支援学校
やまうちゆう じ

渡邉貴裕　　　編者
わたなべたかひろ

イラストレーター　武藤有紀，福田弥咲，小柳菜穂，しゃも，ひろのあやめ

たのしくできるダウン症の発達支援 アセスメント&プログラム
第3巻　元気な体をつくる

2023 年 7 月 15 日　初版第 1 刷発行

監修者　　橋本創一
編　者　　橋本創一・熊谷　亮・田口禎子・渡邉貴裕・小野正恵
発行者　　宮下基幸
発行所　　福村出版株式会社
　　　　　〒 113-0034　東京都文京区湯島 2-14-11
　　　　　電話　03-5812-9702　FAX　03-5812-9705
　　　　　https://www.fukumura.co.jp
印　刷　　中央精版印刷株式会社
製　本　　中央精版印刷株式会社

福村出版◆好評図書

橋本創一・安永啓司・大伴 潔・小池敏英・伊藤友彦・小金井俊夫 編著
特別支援教育の新しいステージ
5つのI(アイ)で始まる知的障害児教育の実践・研究
● 新学習指導要領から読む新たな授業つくり
◎1,800円　　ISBN978-4-571-12135-7　C3037

新学習指導要領のポイントをわかりやすく解説し、知的障害児のためのユニークな授業実践33例を紹介。

渡邉貴裕・橋本創一 他 編著
特別支援学校・特別支援学級・通級による指導・通常の学級による支援対応版
知的障害／発達障害／情緒障害の教育支援ミニマムエッセンス
● 心理・生理・病理, カリキュラム, 指導・支援法
◎2,700円　　ISBN978-4-571-12144-9　C3037

特別支援学校教諭免許状の第二・三欄カリキュラムを網羅。指導・支援者が学ぶべきミニマムエッセンスを解説。

橋本創一・三浦巧也・渡邉貴裕・尾高邦生・堂山亞希・熊谷 亮・田口禎子・大伴 潔 編著
教職課程コアカリキュラム対応版
キーワードで読み解く
特別支援教育・障害児保育&教育相談・生徒指導・キャリア教育
◎2,700円　　ISBN978-4-571-12140-1　C3037

文部科学省により2017年に策定された教職課程コアカリキュラムに即した教職課程必須のスタンダードテキスト。

杉中拓央・呉 栽喜・松浦孝明 編著
教職をめざす人のための特別支援教育
● 基礎から学べる子どもの理解と支援
◎2,200円　　ISBN978-4-571-12143-2　C3037

障害の有無にかかわらず, さまざまな背景をもつ子どもたちの理解と支援に向け, わかりやすくまとめた概説書。

橋本創一・熊谷 亮・大伴 潔・林 安紀子・菅野 敦 編著
特別支援教育・教育相談・障害者支援のために
ASIST学校適応スキルプロフィール
● 適応スキル・支援ニーズのアセスメントと支援目標の立案
◎5,000円　　ISBN978-4-571-12123-4　C3037

学校・職場などでの適応状況を可視化するオリジナルの調査法。専門知識は不要ですぐに使える。CD-ROM付。

橋本創一 編
知的障害・発達障害児における実行機能に関する脳科学的研究
● プランニング・注意の抑制機能・シフティング・ワーキングメモリ・展望記憶
◎7,000円　　ISBN978-4-571-12141-8　C3037

支援ニーズ把握のためのアセスメントとして実行機能に焦点を当て, 様々な実験を通じて多面的な検討を試みる。

日本発達障害学会 監修
キーワードで読む 発達障害研究と実践のための
医学診断／福祉サービス／特別支援教育／就労支援
● 福祉・労働制度・脳科学的アプローチ
◎2,800円　　ISBN978-4-571-42058-0　C3036

発達障害の概念を包括的に捉え, 医学・福祉・教育・労働における最新のトピックと取り組み, 課題を解説。

◎価格は本体価格です。

基本的な接し方，療育や実践の工夫をイラストを交えて紹介。
療育機関や教育機関，家庭でも役立つ！

全**4**巻

たのしくできる
ダウン症の発達支援
アセスメント&プログラム

橋本創一 監修

本書の
基本構成

- ・専門家による解説⇒ダウン症児の親の体験⇒アセスメント票⇒0〜10歳の年齢段階別支援プログラム
- ・「子どももおとなも背伸びせず！」「楽しくなければやめればいい！」をモットーに，療育的要素を取り入れた具体的なプログラム
- ・第4巻では19歳以降のプログラムも掲載

第**1**巻　ことばを育てる
橋本創一・田中里実・杉岡千宏・野元明日香・小松知子［編］
ISBN 978-4-571-12586-7

ダウン症児のことばの力を大きく伸ばすためのアセスメントと，生活の中で楽しくできるプログラムを紹介。

第**2**巻　知能を育てる
橋本創一・山口　遼・堂山亞希・加藤宏昭・秋山千枝子［編］
ISBN 978-4-571-12587-4

ダウン症児の自発的な活動を引き出し，知的活動を促すためのアセスメントとプログラム。

第**3**巻　元気な体をつくる
橋本創一・熊谷　亮・田口禎子・渡邉貴裕・小野正恵［編］
ISBN 978-4-571-12588-1

ダウン症児に運動習慣を促し，健康な体づくりを楽しく実践できるアセスメントとプログラムを紹介。

第**4**巻　社会性を育む
橋本創一・李　受眞・尾高邦生・細川かおり・竹内千仙［編］
ISBN 978-4-571-12589-8

乳幼児期から就労期にわたる，ダウン症児者の社会性の発達を支援するためのアセスメントとプログラム。

無理せず，できることをのばそう

A5判・並製・カバー装・各巻 約160頁
各巻定価（本体 2200 円＋税）